EM SINTONIA COM A LUZ

EM SINTONIA COM A LUZ

Transcrições originais canalizadas por
Julie Soskin

Tradução
CARLOS A. L. SALUM
ANA LÚCIA FRANCO

EDITORA PENSAMENTO
São Paulo

Título do original:
Alignment To Light

Edição	Ano
1-2-3-4-5-6-7-8-9	97-98-99-00

Direitos de tradução para a língua portuguesa
adquiridos com exclusividade pela
EDITORA PENSAMENTO LTDA.
Rua Dr. Mário Vicente, 374 – 04270-000 – São Paulo, SP – Fone: 272-1399
E-MAIL: pensamento@snet.com.br
http://www.pensamento-cultrix.com.br
que se reserva a propriedade literária desta tradução.

Impresso em nossas oficinas gráficas.

Sumário

Nota do Editor

Esta "Edição Original" foi extraída das transcrições inéditas de Julie Soskin, reproduzidas aqui *verbatim* e integralmente, com a exceção de correções feitas pela autora.

Os primeiros dois livros da trilogia de Julie, *The Wind of Change* e *The Cosmic Dance* (ambos publicados pela Ashgrove Press), foram editados em estilo acessível ao grande público, incluindo os leitores que não têm familiaridade com material "transcrito".

Mas foi o desejo da autora que *Em Sintonia com a Luz* fosse publicado na forma original, retendo, assim, o significado exato e a poesia essencial do trabalho.

Agradecimentos

Meus agradecimentos a: Jane e David, Dee por sua organização, Jenny por sua Luz; Gwen, que me acompanhou o tempo todo; e Rupert, sem o qual eu não teria feito nem a metade. Mas, principalmente, àqueles que enxergam o desafio e ousam transpô-lo.

Desejo alegria a todos

Julie

• 1 •

Purificação

Há uma quietude penetrando o coração e a alma dos homens. Nós lhes damos as boas-vindas e agradecemos por esta oportunidade de falar com vocês.

O homem já foi muito longe em sua miríade de experiências. Ele cresceu, foi torturado e sofreu, mas a tortura e o sofrimento foram idéia do homem e não de Deus. Foi, na expressão de vocês, uma experiência. Uma experiência em manifestação material para o crescimento e o bem-estar, não apenas deste planeta Terra, mas de todo o cosmos, pois as experiências do homem ajudam as forças da energia de todos.

Esta é uma época de grandes mudanças e de grande transição, nunca antes observada na história do homem, e é possível que o homem só exista graças ao progresso que já fez. De um modo geral, ele se libertou das influências kármicas e, como estamos falando no seu tempo, no ano de 1992, podemos dizer que vocês já estão em seu período de mudança. Não se trata mais de uma idéia nebulosa de futuro, pois ele está aqui — agora. Os sensitivos já reconheceram esse fato. Vocês trabalharam em si mesmos a partir dos níveis físico, psicológico, mental e emocional para criar a resistência interior. Essa energia interior semelhante a uma rocha permite que vocês deixem de lado o fardo do karma. Muitos de vocês estão vivendo aquilo que chamariam de "nova era" ou "era purificada" de sua vida.

Há um processo em que se atravessa uma porta. Isso, no passado, já foi chamado de "iniciação". Ao atravessar essa porta para a Luz, vocês tirarão o fardo do karma e terão, então, uma página em branco para trabalhar. Já falamos sobre isso. Já falamos também da necessidade de purificar os planos astrais e o corpo astral de sua negatividade. Assim como na terra está se realizando o trabalho dos bons pensamentos, meditações e consciência elevada, também nos planos astrais está se fazendo trabalho semelhante. Muitos de vocês têm acesso à energia de um grupo dos níveis superiores do astral. Alguns se referem a esse tipo de energia como raio mestre. Esse raio mestre, ou os mestres, professores, seja como for que os chamem, são um grupo que pode se comunicar facilmente com vocês e que aqui está para benefício de vocês. Eles têm uma contrapartida *deva* (divina). Essa contrapartida *deva* é aquilo a que vocês se referem como seres angelicais de Luz. Esses seres angelicais ajudam com a energia, enquanto os professores, os mestres, ajudam com a intuição, com a sabedoria e com o conhecimento.

Alguns de vocês já perceberam que existe um ponto no desenvolvimento do homem em que ele pára de querer saber, pois se sente tão satisfeito com o todo que as informações específicas não são mais necessárias ao seu intelecto. Ele apenas se torna. Ele apenas existe. Essa é a tranqüilidade a que nos referimos — a tranqüilidade de saber que tudo vai bem, independentemente do que acontece fora de vocês. Tudo vai bem, queridos amigos da Luz. Hoje afirmamos claramente que tudo vai bem!

Não é exato falar deste planeta como de uma experiência, pois faria tudo parecer árido, o que não é verdade. Mas se, por um momento, falássemos dele como experiência, poderíamos dizer que essa experiência funcionou e ultrapassou qualquer expectativa. Talvez vocês fiquem perplexos com isso, pois vêem tantos problemas em seu mundo, tanta violência e tanto sofrimento. Essa violência e esse sofrimento estão vindo à superfície para serem dissipados. Só por meio da revelação é que eles podem ser dissipados. Vocês serão testemunhas, infelizmente, de algumas situações envolvendo muita violência neste ano; contudo, elas sequer chegarão a afetá-los. Essas situações estão se reunindo numa pilha, assim como a poeira que se junta antes de ser jogada fora. Esse é o tipo específico de negatividade que tem sido afetado, no correr dos anos, pela negatividade astral, e ela só poderá ser jogada fora ao se juntar em focos, para cima, através do astral. O plano astral não é uma dimensão separada, mas uma dimensão sobreposta ao ser físico. Assim, ao dizer que o espírito está acima de vocês, vocês estão errados, pois o espírito está à volta de vocês, está com vocês. À medida que cresce, o homem consegue ver, ouvir e perceber as forças astrais. É no interior dessas forças astrais que vocês têm, como dizem alguns, "guias". Nunca houve um tempo em que o homem estivesse só; nunca houve e nunca haverá.

Muitos entre vocês querem saber o futuro. Alguns ainda são reticentes com relação à informação e ao sentimento que têm da violência e dos problemas por vir. Não seria verdade afirmar que não haverá problemas, pois eles virão. Nós voltamos a lhes pedir que não os alimentem quando ocorrerem, quando os virem nos noticiários ou à sua volta. Exponham-nos à Luz. Circundem-nos com a Luz da mente. Tudo está sendo resolvido. De todas as descrições deste período, a mais exata é a que o chama de período da purificação. Chegou a hora da purificação, e quando ela terminar — dentro em pouco, segundo sua maneira de contar o tempo — os homens terão uma consciência tão diferente, que as pessoas não farão mais as perguntas que fazem hoje. Não é coisa fácil de imaginar, mas, à medida que se alterarem a percepção e a consciência, o homem terá muito menos necessidade de saber.

Voltamos a falar de um estado de ser. Isso significa que a atitude de vocês diante da vida e as coisas que vocês transmitem serão muito diferentes de tudo o que vocês transmitem hoje. Pedimos que abram a mente e se imaginem, só por um momento, sem medo, num estado de perfeita paz. Nesse estado de paz perfeita não importa o que lhes vai acontecer, onde vão estar, que emprego, que relacionamentos terão, pois saberão que a paz, a quietude e a completa felicidade são permanentes. Alguns perguntarão: "Isso é maravilhoso; mas, e a luta? O homem não precisa de problemas? Não precisa de dificuldades para ultrapassar e se impulsionar para a frente?" Sim, de fato essa tem sido a verdade. Mas todo o planeta Terra está se transmutando para ser um planeta de Luz. Assim, não será mais um planeta kármico, e as experiências que precisam desse rigor, de sofrimento e ansiedade para que a alma se eleve, continuarão em outras áreas do cosmos. Assim, se uma alma precisar reencarnar num lugar onde haja karma, ela o fará. Isso não significa que o processo da Terra se estagnará — longe disso. A Terra estará permeada da força da energia da Luz. Será uma força que comanda e cura. É muito fácil tocar sua quietude interior. Quando chegar ao ponto desejado, quando tiver dissolvido sua energia negativa interior, ela estará a um pequeno passo da porta.

Muitos de vocês ficam fascinados com o que as mudanças significam em termos físicos. O processo evolutivo está acontecendo, pois a Terra não está se transformando apenas espiritualmente, mas passando também por uma mudança física. Essa mudança física, por si só, alterará o homem. Seus órgãos serão menos pesados, menos densos. Um ou dois desses órgãos desaparecerão. A boca e o maxilar se alterarão, e o sangue ficará um pouco diferente. No entanto, tudo isso já vem ocorrendo ao longo dos anos. Alguns de vocês já sentiram as células do corpo "borbulhando", como as moléculas na água fervente da chaleira. Suas células já estão sendo despertas pela energia que está penetrando o planeta. Em agosto de 1991, devido a uma purificação já realizada e à posição da Terra em relação à energia da Luz, pela primeira vez a energia permeou e foi sentida em várias áreas do globo. A área mais próxima de onde vocês estão agora foi na Irlanda — no sul da Irlanda. Esse raio conseguiu penetrar graças ao trabalho realizado para purificar os planos astrais: o corpo emocional que aos poucos desaparece deste planeta. Este raio ainda está permeando e se espalhando sobre esse continente. À medida que ele for permeando áreas menos desenvolvidas, vocês passarão por dificuldades e até por violência. Mas outra vez nós lhes pedimos para não esquecer que isso se relaciona com a purificação. A energia não está criando violência. Está trazendo-a à tona a fim de a dispersar. Essa energia, nos seus termos, seria chamada de raio azul, e já foi percebida como tal. Esse raio azul vai agir por alguns anos, até que o planeta encontre o lugar físico que lhe é devido no seu sistema solar.

Desejamos orientar-lhes a mente acima da Terra. Por um momento, imagine-se na órbita da Terra, acima do sistema solar, olhando à sua volta. Você vai perceber o movimento permanente e constante de forças na galáxia e no cosmos. Novos sóis nascem freqüentemente. Velhos sóis morrem. Há um constante fluxo de mudança. O planeta está passando por uma mudança cósmica e sua posição no sistema solar e com relação ao cosmos está se alterando. Ele está, provisoriamente, voltando para onde estava há milhares de anos, e depois avançará novamente. É por isso que, nestes tempos, há tantas almas velhas entre vocês, almas que se lembram, ou que estão começando a se lembrar, de seus velhos tempos neste planeta. Há uma ligação com as estrelas. Uma estrela, que não é o sol de vocês, desempenhou um papel importante no seu desenvolvimento e crescimento. Mas, ao longo da História, já houve mais de uma estrela ligada a vocês. Agora, à medida que o movimento continua, a Terra estará literalmente na mesma posição, comparada à estrela que era há milhares e milhares de anos. Isso harmonizará novamente a força da energia, mas não será por muito tempo, pois há um novo movimento a ser feito.

Nós convidamos vocês novamente a elevar a mente acima do planeta. Vocês precisam pensar em termos cósmicos para começar a compreender aquilo a que me refiro. Da próxima vez que o céu à noite estiver sem nuvens, passe algum tempo olhando as estrelas. Lembre-se de que essas estrelas são apenas uma fração minúscula do todo. Ao pensar nisso, vocês sentirão reverência e admiração.

Este planeta vai sobreviver. Ele não está sendo destruído. É uma transmutação feliz da força da Luz. E para as pessoas que recebem com medo essas informações, afirmamos, queridos amigos da Luz; que, sem mudanças, hoje vocês não estariam aqui.

O homem que vive nesta época é afortunado. Ele vai viver o movimento transcendental do tempo. Mas haverá um período, segundo sua maneira de contar o tempo, sete anos, em que o próprio tempo será para vocês uma dimensão difícil. Alguns de vocês se sentirão perdidos no tempo, sem vínculo com o plano Terra. Já falamos de algumas das causas dessa dissociação, mas ela tem relação também com o movimento do planeta em torno do Sol. Sabendo que vocês medem o tempo linear pelo Sol, é fácil compreender que qualquer alteração no movimento do Sol e dos planetas alterará também a percepção que vocês têm do tempo. Para alguns, isso é uma oportunidade de viajar no tempo! Isso pode parecer um tanto fantasioso. Talvez vocês imaginem que um dia farão uma viagem no tempo numa máquina que ainda está para ser inventada; mas a viagem no tempo não precisa de máquina. É, nos termos de vocês, uma outra dimensão. Como agora as dimensões estão se libertando (é por isso que podem associar-se ao plano astral que é, em si, uma dimensão), vocês poderão sentir a mudança rápida e o mergulho em outras épocas. Vocês perguntam: "Como manter a referência da nossa vida, da nossa família e de nossos amigos?" Nós os aconselhamos a viver o momento, queridos filhos da Luz. Cada momento concluído com perfeição criará fluidez, uma fluidez por que vocês passarão com facilidade.

Por algum tempo, vocês ainda precisarão considerar os aspectos materiais, o trabalho, as suas casas. Veremos, nos próximos dois ou três anos, a desintegração dos aspectos materiais do mundo. Isso também é uma transformação; mas os que vivem sem medo não sofrerão pela falta de bens materiais.

Vocês farão o que for preciso para a própria sobrevivência, para o próprio bem-estar. Se vocês precisam de frivolidades, queridos filhos, divirtam-se. Quando estiverem sintonizados com a Luz, tudo o que quiserem será certo, pois vocês não vão querer nada que seja errado. Na verdade, as forças espirituais estão por perto para ajudá-los a mergulhar na alegria e na felicidade. Esta é, como vocês sabem, um subproduto do pensamento reto e da vida íntegra. Essa não é uma afirmação pomposa. E não pensem que vocês precisam ser eremitas. Abracem a vida, na sua miríade de experiências. Não há dúvidas nem medo quando se está em harmonia com a Luz. Por meio dessas comunicações com este e com outros canalizadores espirituais, tentamos acima de tudo transmitir ao mundo de vocês a profunda necessidade de perder o medo. Muito trabalho já foi feito, mas nessa área ainda há pontas soltas de que vamos tratar agora.

Para muitos, a abordagem psicológica não é mais necessária nem aplicável. Na verdade, ela só vai criar um fluxo negativo para algumas pessoas. Ela também já serviu de desculpa — desculpa para não voltar à Luz individual e ao próprio conhecimento; lembrem-se, queridos filhos, de que todos têm esse conhecimento interior. Vocês não precisam que outros lhes digam o que já sabem em seu coração e em sua alma. Esta época maravilhosa, espiritualmente criativa, é a época da união do homem com Deus, da capacidade que cada pessoa tem de se abrir e aceitar o próprio poder. É claro que existem pessoas que tiveram uma infância problemática ou problemas em vidas passadas — na verdade, todos vocês tiveram problemas em vidas passadas. Nós os aconselhamos a não concentrar esforços na elucidação do passado. As energias que estão chegando, das quais uma é o raio azul, os ajudarão. Vocês se bastarão a si mesmos, conhecendo e usando sua força de Luz interior. É claro que não estamos insinuando que vocês não precisam de amigos ou de conselheiros. Ouçam seus conselheiros, ouçam seus amigos, mas tomem suas decisões sozinhos. Não importa o quanto vocês confiam em outra pessoa. Pedimos que, mesmo com relação à informação que vem através deste canalizador, confiem no próprio coração, nos próprios sentimentos, porque será assim que o homem se transcenderá e se transformará num ser de Luz.

Isso significa que alguns de vocês, que dedicaram a vida a algum tipo de terapia, precisarão mudar ou levar os próprios sentimentos a essa determinada terapia. Vocês o farão instintivamente e intuitivamente. Não estamos dizendo que não existe uma terapia correta. Pois alguns ainda terão necessidade desse tipo psicológico de terapia. Mas a grande maioria já está além disso. Na verdade, ficamos muito felizes ao informar que, em poucos anos, a necessidade de terapias, como vocês as conhecem, terá desaparecido inteiramente. Pense nisso e você começará a perceber a possibilidade do que estamos tratando.

Cada homem tem a oportunidade de ser uno com Deus; cada homem. Pensem nisso, queridos filhos — nenhum de vocês é exceção. Cada indivíduo que avança para o nível da harmonia com a Luz contribui para o todo e fortalece a força que cura. Essa força que cura emana de você e cria um raio de Luz na atmosfera da Terra. Em seus termos, seria como uma bolha que cresce cada vez mais. Dentro dessa bolha, está a claridade além da qual vocês podem compreender. Essa claridade é incompatível com forças negativas. O mal não pode permear essa bolha de Luz, que vocês criaram por meio da própria experiência e através do trabalho realizado com vocês mesmos, não apenas nesta vida mas em todas as outras. Vocês criaram essa tranqüilidade. Ao pensar no passado, alguns acham que se enganaram em algum momento, que usaram mal esse poder. A maioria não o usou mal. A maioria optou por passar pelo sofrimento, deixando de lado o poder. Isso foi um tipo de sacrifício, mas um sacrifício escolhido, pois há milhares de anos já se sabia que o homem chegaria a esse ponto agora, ou pelo menos que tinha potencial para isso. Pois agora ele alcançou esse potencial.

Falamos do corpo físico e de como ele foi abalado. Ultimamente, muitos tiveram sensações perturbadoras no corpo. E vocês presumiram automaticamente que se tratava dos resfriados e vírus que todos conhecem. Os médicos falam de um novo tipo de vírus, e de certa forma estão certos; mas o que aconteceu é que a pureza dos raios está agindo nos vários corpos do homem, do corpo mais elevado ao corpo físico, passando pelo mental e pelo emocional. Essas manifestações físicas não se devem a alguma coisa errada que fizeram; elas acontecem porque vocês se acomodaram ao novo fluxo de energia. Então, alguns de vocês, equivocados, pensam: "Estou doente porque estou desequilibrado. Deve ser porque tenho pensamentos intranqüilos ou porque não resolvi isto ou aquilo." Não é isso. A maioria desses distúrbios físicos são as manifestações inferiores das novas forças. À medida que o corpo for se acomodando a elas, ele se adaptará, às vezes mais depressa, às vezes mais devagar. Não se trata de algo que ameace a vida, mas vocês sentirão no corpo essa desorientação, à medida que o peso dele se adapta à força da Luz. Lembrem-se de que não há nada a temer, mas sim motivos para se alegrar. Falamos antes das dores do parto, e é assim que se podem definir essas manifestações físicas — como dores do parto e como a alegria daquilo que está ligado ao nascimento da Luz no homem.

Há muito mais a dizer, mas, repetimos: paradoxalmente, não resta muito a ser dito. Quem já atravessou a porta para a Luz compreende. O que é a morte física, além de uma manifestação, de um nascimento para o espírito? Deixe de lado o medo da morte e verá a perspectiva do que está ocorrendo.

Alguns de vocês oscilam à beira desse despertar, particularmente quem está mergulhado na energia cultural das Ilhas Britânicas. Por isso, têm o que descrevem como uma idiossincrasia, que quase justifica o fato de serem tão pouco positivos. Isso significa que vocês não aceitam prontamente a idéia de poder, e até mesmo riem das pessoas que têm a coragem de afirmar esse poder. Vocês dizem a si mesmos: "Quem são eles para dizer isso?" Mas dizemos agora que todos têm a oportunidade de segurar o cetro do poder. Vocês não estariam nesse estágio se ele não fosse certo. E é certo, pois estão chegando à compreensão de tudo. Alguns gostam de chamá-la de consciência superior, Eu superior, espírito, Deus, Atman. Chamem-na como quiserem: ela faz parte de cada um e de todos.

Há sempre dificuldades em tempos de mudança. E numa mudança tão radical como esta é de esperar alguns distúrbios. Conserve a própria tranqüilidade. Mantenha-se calmo e quieto no seu interior, mesmo nos momentos mais difíceis. Haverá uma situação que vocês não conseguirão compreender intelectualmente. Que seja. É a ligação com a força de Luz que permitirá que vocês avancem e transcendam. Nós os incentivamos e lhes oferecemos uma onda de energia para ajudá-los em sua iluminação. Os guardiães do seu planeta, que trabalharam tanto, estão novamente aqui. Eles estavam aqui bem no início da manifestação da sua Terra. Eles se aproximam periodicamente e se aproximaram agora. Por isso, queridos filhos da Luz, ninguém está sozinho. Mas é sua própria tranqüilidade interior, sua própria ligação com a Luz que permitirá que vocês transcendam.

Nós os convidamos a fechar os olhos por um momento para absorver o raio de Luz. Essas pequenas ondas de energia são um começo, um pequeno trampolim, pois, quando compreenderem sem medo essas forças, não poderão mais recuar. Afinal, não dá para desaprender o conhecimento, e essas forças de energia são como conhecimento para o corpo. Vocês nunca poderão recuar. Há uma única direção, que é para a frente, para a Luz.

Alguns de vocês se perguntam como funciona o processo de canalização. De maneira simples, falamos da harmonia das forças da Luz. Todos podem ser veículos de canalização, mas é mais fácil, talvez, entrar em contato com a energia de grupo do raio mestre. Pois tocar a energia de um grupo, o raio mestre, envolve ainda um aspecto muito humano, que se relaciona muito bem com seus processos de pensamento. Hoje, a canalização só fala em termos de Luz superior, de informação superior. Ela não se presta muito às considerações pessoais. Mas, queridos filhos da Luz, em suas almas e na sua ligação com as forças da Luz, vocês têm todas as respostas.

Terminamos hoje de maneira simples, pois muitas vezes as palavras simples são as melhores. Poderíamos ter falado de maneira complicada, o que aliás ocorre com alguns canalizadores e algumas canalizações. É mais fácil compreender a simples ressonância da verdade. Cada célula do corpo de vocês vibra exatamente da mesma maneira que o cosmos. Pode-se até mesmo dizer que dentro desse corpo há muitos mundos, milhares de milhões de mundos, engrenagens dentro de engrenagens. Não podemos pedir que confiem, mas a confiança é uma necessidade. Poderíamos ensinar-lhes exercícios e técnicas de meditação. Essas coisas ajudam. Mas preferimos dizer, com clareza e simplicidade, que vocês são livres. Absorvam este conhecimento, pois dele virá confiança e força. Nós lhes damos todas as bênçãos. Nós lhes damos todos os elementos da alegria.

• 2 •

O Planeta da Cura

A humanidade já está a meio caminho do topo da montanha e, apesar de parte da jornada ser perigosa, os homens já conhecem o terreno. A areia do tempo se escoa rapidamente, como se ele estivesse acelerado. Assim, neste ponto, o homem sente de maneira muito forte seus problemas, seu sofrimento e sua dor. Não é mais o ponto de partida, pois a humanidade penetrou esse novo espaço. É, na verdade, um período transitório, diferente de qualquer coisa conhecida.

Alguns de vocês traçam paralelos com outros tempos, mas agora não é como foi no passado. As dimensões estão fundindo-se numa só. O tempo e o espaço também estão se fundindo. É como se o tempo exterior e o tempo interior não estivessem em uníssono. No tempo interior, vocês estão, como antes, em câmera lenta, ao passo que o tempo exterior se acelera. Essa é a melhor maneira de descrever a diferença entre o movimento giratório dos planetas do seu sistema solar e o dos outros. A roda cósmica exterior está se movendo, está girando mais rápido. Com relação aos outros planetas e estrelas, vocês ainda se sentem no mesmo espaço; mas há muitos movimentos que ainda não foram descobertos. Vocês sempre foram e sempre serão afetados pelas energias exteriores que atuam sobre o planeta; contudo, algumas dessas energias exteriores estão mais próximas. A atmosfera em torno do globo terrestre está mais rarefeita e, assim, a Luz e as emanações das outras estrelas a permeiam, afetando fortemente a Terra. Isso aconteceu no último ano; ainda está ocorrendo e se espalha rapidamente. As dimensões se fundem onde essa nova força de energia, que vem das estrelas, toca fisicamente o globo. Vai ser muito difícil para os homens da lógica manterem suas estruturas e formatos. Eles precisarão mudar com os tempos. Eles precisarão desenvolver o cérebro e a mente para abarcar as forças ativadas. Para alguns de vocês isso tudo parece distante da realidade, e muitos tentam agarrar-se às realidades passadas. Nós lhes dizemos: quando estamos em terra firme, podemos andar livremente; mas quando estamos na água, precisamos nadar. E assim é agora: vocês estão num novo espaço, num elemento diferente e, assim, devem agir de maneira diferente. Vocês precisam nadar a favor da correnteza, da energia em que se encontram. O homem ainda procura desesperadamente as influências, alguma coisa em que "pendurar o chapéu", uma força, um poder, uma prova, alguma espécie de percepção consciente no nível físico. Mas brevemente o homem poderá observar grandes mudanças físicas.

A mente do homem sempre foi tortuosa. Ela sempre enxerga o que quer, ao passo que as coisas se desenvolvem e se modificam. Algumas pessoas colocam suas próprias conotações inteligíveis naquilo que vêem. Infelizmente, ainda são muito poucos os que vêem ao menos parte do quadro; mas há um dado favorável: cada vez mais pessoas tomam consciência de outras dimensões. É a partir daí que poderão compreender e saber o que precisa ser feito. Falamos bastante sobre o movimento da energia, das marés, de "expirar" e "inspirar", e esperamos que, a esta altura, isso esteja compreendido no nível em que é possível ser compreendido.

O globo terrestre está encolhendo, está "inspirando o ar", por assim dizer. A força magnética em sua órbita exerce atração. Sua forma está sutilmente se modificando. Até agora não houve muitas ocorrências dinâmicas; mas como esses movimentos e mudanças vão obviamente mover e modificar a crosta do planeta, vocês logo observarão movimentos de massas de terra. Isso já está acontecendo, e acontecerá cada vez mais à medida que avançarmos no tempo. O planeta está "oscilando" em seu eixo. Como a ciência já descobriu, esse planeta realmente oscila e, de vez em quando, essa oscilação cria uma reverberação que altera a sua trajetória; no entanto, agora é mais do que uma oscilação automática. É a partir do seu centro magnético que o planeta se move e se modifica. Com essa oscilação constante, será criada uma força dinâmica. Haverá, finalmente, uma mudança completa na polaridade do eixo. É por isso que vocês, em termos humanos, estão passando por tantas experiências com energia masculina e feminina. Tudo isso está vindo à superfície porque a polaridade do planeta está se deslocando, se modificando. Assim, a contrapartida masculina e feminina do corpo humano, a psique, está entrando no nível da consciência. Vocês se perguntam sobre energias masculinas e femininas. Vocês trabalham com essas forças. Tudo tem seu igual no Universo. Cada coisa é afetada por todas as outras coisas. À medida que os pólos do planeta de vocês se deslocam, o mesmo acontece nas funções do corpo humano: seus pólos — o masculino, o feminino, o positivo e o negativo — mudam de lugar e se tornam conscientes.

O que está se tornando fortemente consciente é o poder do homem. Quando falamos homem, nós nos referimos, é claro, ao homem e à mulher. O poder da humanidade está se tornando consciente, assim como o poder e a energia da Terra estão entrando no nível da consciência do planeta. Porque, por mais inacreditável que pareça, o planeta Terra tem consciência própria. Por muito tempo vocês consideraram o planeta físico como algo parecido com madeira morta. Mas o planeta físico não é madeira morta; é uma força consciente, móvel. Cada planeta, cada órbita, tem sua consciência, seu tom, sua vibração, sua qualidade vibratória, assim como o homem tem um tom e uma freqüência vibratória que ressoa no Universo. Há um nível em que podemos falar em termos de som — pois a freqüência, a vibração da nota de cada órbita se mantém afinada com o resto do sistema e, portanto, com o resto do cosmos. Não se trata de um som como vocês compreendem o som, mas sim de uma freqüência vibratória. Se vocês tivessem ouvidos para ouvir perceberiam uma nota e a chamada música das esferas, que mantém cada planeta, cada órbita na sua posição. Isso está ligado à força da gravidade dos planetas. A nota é a intensidade da força da gravidade. Em algum momento do futuro, a energia consciente no interior da Terra começará a compreender como isso funciona.

Haverá um êxodo em massa de seu planeta. Já falamos brevemente disso. O êxodo em massa terá muitas razões, mas a predominante é que cerca de três quartos das almas atualmente presentes na Terra irão para outros domínios da experiência. Algumas encarnarão em outros mundos, mundos kármicos ou mundos além das forças kármicas. Isso, vocês sabem, já aconteceu antes. Num outro planeta, houve um êxodo em massa de almas. Esse êxodo em massa veio para o planeta de vocês, a Terra, e gerou um grande avanço na evolução da Terra, no estágio em que estava. Isso não é incomum quando há mudanças na força de atração e as notas da escala se alteram. É quase óbvio que a maioria das almas partirá desta vez. Elas então voltarão a se manifestar de muitas maneiras diferentes, com muitos disfarces diferentes. Há um planeta mais jovem do que o de vocês que precisa muito de um êxodo em massa de energia. É um planeta jovem e vibrante, não muito diferente da Terra há milhões de anos, precisando dessa injeção de forças. Há os que podem adaptar esse fato ao próprio processo evolutivo.

Há um fluxo sem fim de energia. Durante muitos e muitos anos, o homem só pensou em termos de sua pequena esfera. Ele tinha consciência apenas da vizinhança mais próxima. Por muito tempo o homem nem sequer sabia da existência de outros homens em seu planeta. Pense no êxodo de seu país para outros países, na exploração, na aventura, quando o homem atravessou o Atlântico e o Pacífico, encontrou outras culturas e entrou em novas forças de energia. É exatamente isso o que está acontecendo agora. Há uma época em que uma culminação, uma força incontida, penetra na consciência por meio da energia atuante no momento e sai como os filamentos de ferro de um ímã. A energia é como a explosão de uma estrela no céu, e, quando isso ocorre, é algo alegre. É como ver um enorme espetáculo de fogos de artifício, pois as Luzes de diferentes áreas passam, voando e iluminando outros globos e outros espaços. Esta é, de certo modo, uma época emocionante. É claro que estas palavras são objetivas, usadas apenas para criar uma imagem, para pintar um quadro.

Chegará o tempo em que as energias, as almas que avançam para planetas mais jovens, terão concluído o trabalho, ter-se-ão equilibrado e se desenvolvido. Elas avançarão outra vez, e mais outra e outra mais.

Ninguém, nenhuma consciência pode afirmar, com absoluta certeza, quais as transmutações que ocorrerão neste período de "partir para o ataque". Não é só no planeta de vocês que isso está acontecendo. Trata-se de uma harmonia de forças. Se preferir, é um entendimento consciente entre diferentes campos de força que esse tipo de adaptação exige. Falamos agora em termos metafísicos, como definem vocês. Mas tudo é uma coisa só no interior de um fluxo de forças. Nos próximos meses e anos, vocês verão outros passando pelas experiências por que vocês passaram. Verão que outros tomam consciência, compreendem de onde vieram e até para onde estão indo. A situação é semelhante à dos primeiros viajantes que partiam para atravessar o Atlântico — antecipação, um pouco de apreensão, mas vontade de começar de novo num lugar novo e mais puro. O cosmos é grato por essas almas aventureiras, por aqueles que saltam sem saber aonde irão parar. Os iguais atraem os iguais. As almas que podem ficar ficarão, acomodando-se às novas forças desse planeta que, dentro de pouco tempo, estará muito diferente.

Repetimos que esse novo planeta é uma terra nova e verde. Será uma força regeneradora para o cosmos. Os que estão em contato com sua espiritualidade sabem que vocês costumam ter o que definem como lar espiritual, um lugar para ir, com o qual se sentem sintonizados, em que se sentem parte do Universo, em que se sentem curados e renovados. Para alguns é perto da água ou na água; para outros é na floresta, junto às árvores. Pois afirmamos que o novo planeta será esse lugar. As almas que virão reabastecerão nele sua espiritualidade, sua graça. Algumas dessas almas virão inconscientemente num estado de sono, ou pelo menos essas são palavras que vocês podem compreender. Algumas virão conscientemente, viverão e existirão por algum tempo. Para vocês, é difícil imaginar que a Terra, que por tanto tempo foi um planeta de lutas, esteja se transformando num lugar de cura para abrigar essas almas, que precisarão de energia para se reabastecer e para crescer. Os homens e mulheres que partiram de navio para atravessar o Atlântico não sabiam, por certo, o que os esperava. Sabiam que alguns jamais chegariam; mas sabiam que precisavam ir. Tinham de levar sua energia para um lugar novo. E assim é agora, em escala maior. A energia de vocês se faz necessária num lugar diferente, e assim começa a viagem.

O êxodo em massa está começando agora e vai se acelerar, particularmente nos próximos anos. É só até esse ponto que podemos projetar no tempo linear de vocês. Poderíamos dizer que todo o processo levará um de seus séculos, pois daqui a um século é provável que a Terra esteja estabilizada na força de energia que cura. Mas, como vocês sabem, as escalas temporais são muito difíceis, pois como saber quando a oscilação vai iniciar sua reverberação? Não é provável que seja amanhã, mas pode ser dentro de um ano ou dois, e isso criará uma nova força que apressará o êxodo. Assim, não é fácil precisar uma época. Essa reverberação pode não acontecer dentro de dez ou vinte anos, apesar de isso ser improvável, pois já há uma forte vibração nesse sentido.

Muito do trabalho de cura tem sido feito, consciente e inconscientemente, por meio da força da energia da Terra. Até mesmo os que afastam automaticamente essa idéia têm trabalhado com a energia da Terra. Como a Terra reverbera, não é fácil, e em alguns casos é impossível trabalhar da mesma maneira. Isso fez com que muitos agentes da cura se sentissem fracassados em seu trabalho; mas, é claro, o fracasso não existe. O homem deve e vai se curar. Assim, o agente da cura só ajuda a abrir uma porta. Isso acontecerá graças ao modo positivo do campo de energia do curador e também à transmissão e emanação da energia da comunicação, que ainda é muito importante para o paciente; contudo, é em grande parte através do campo de energia e do toque que vem a ajuda, e não da energia da Terra. A ajuda advém da ligação do agente da cura com a própria força interior, ligada aos vários raios cósmicos que agem no paciente, harmonizando-o. Essa harmonia deve, no último caso, ser levada a efeito pelo indivíduo. Assim, é apenas uma reverberação do campo de energia que o paciente sente, a que se agarra e que às vezes usa como uma vara a fim de dar um salto para a própria consciência. Nossa maneira de falar é um tanto imprópria: no passado, os agentes da cura não conseguiam entrar em contato com a energia que possuíam. Só os agentes de cura que interiormente são absolutamente fortes serão capazes de curar. Isso vocês já podem perceber.

Em muitos casos, os agentes de cura precisaram trabalhar muito em si mesmos outra vez, não de maneira psicológica, mas no sentido de manter sua energia interior. Essa energia, é claro, ainda está em atividade — não está estabilizada. A maneira de realizar a cura será diferente daqui a um ano. Por ora, usem a intuição e façam a própria ligação com o centro interior de Luz, com o conhecimento e sabedoria interiores. Assim, vocês não poderão errar. Percebe-se logo quando alguém tenta curar de uma maneira que não funciona mais; repetimos, porém, que não há erros.

Não existe uma fórmula para os trabalhadores da Luz. Eles decidiram conscientemente, em certos casos há milhares de anos, que estariam aqui agora. O caminho está assegurado. Não há possibilidade de estagnação. Para os trabalhadores da Luz, é como se tivessem partido para o domínio cósmico há milhões e milhões de anos — falamos, é claro, nos termos usados por vocês. Eles iniciaram o movimento do desenvolvimento, da experiência e do conhecimento, e isso não tem fim. Há alguns poucos agentes da cura que não estão nesta forma ou neste espaço. Aqueles que não estão neste espaço são, de certa maneira, charlatães, para si mesmos e para os outros. Só os que já iniciaram o contínuo movimento para a frente podem realmente dizer que seu desejo sempre foi crescer.

Sabemos que, de tempos em tempos, alguns de vocês sentem que estão num platô, que estagnaram, que não estão fazendo o suficiente. Afirmamos categoricamente que nunca há um momento em que se pára de avançar. Estes são tempos de grande velocidade. Não haverá muitos momentos que parecerão lentos, pois quase sempre vocês terão consciência de grande movimento. Alguns de vocês tiveram um interregno nos últimos seis ou oito meses, quando houve instabilidade, quando vocês romperam a ligação que tinham. Esse sentimento de estar separado ou distante dela foi, como sabem, uma ilusão, sendo, na verdade, parte do processo do movimento para a frente. Isso levará algum tempo para ser percebido, e se liga a uma estrutura maior, relacionada com o fato de serem vocês criaturas multidimensionais. Isso não significa que vocês terão, no curto período de tempo a que nos referimos, o total conhecimento em todos os momentos. Vocês estarão entrando e saindo do tempo. Não é possível que uma alma viva, especialmente num corpo, conheça todo o aspecto do cosmos e da força da energia. A mente de vocês não consegue, literalmente, apreender tudo isso. A mente de vocês está se abrindo para padrões cada vez maiores de freqüências, e isso significa que vocês terão consciência de muitas coisas que nem sequer vislumbram agora.

Dessa perspectiva, aqui, agora, há muito à frente que vocês não conseguem imaginar. Vocês só enxergam o que está dentro da própria moldura. Para vocês, o som tem limitações, a visão tem limitações de freqüência. Há coisas além da visão que, no interior da alma, vocês sabem que existem, mas que não podem ver fisicamente. À medida, porém, que a freqüência se ampliar em todas as direções, para cima e para baixo, para o passado e para o futuro — na linguagem de vocês —, vocês enxergarão mais do todo. Mas não esperem ver tudo.

Os sete planos estão se fundindo num só. Isso significa grandes revelações, o despertar da consciência da qual vocês já participam. Será como um relâmpago de consciência e, em alguns casos, por uma fração de segundo, vocês saberão e sentirão tudo. Falamos em analogia quando falamos de frações de segundo. Então vocês, todos vocês, seja qual for a sua freqüência, baixarão ao próprio nível natural, que indubitavelmente estará além do que havia antes. É difícil para nós traduzir essas coisas em palavras. Os sete raios estão ligados às freqüências do planeta de vocês. Há alguns além desses. Os sete raios correspondem ao homem e ao planeta do homem da maneira material que eles compreendem. Há raios além dos sete que agora vocês podem compreender. Eles não estão necessariamente, como vocês dizem, acima e abaixo. Eles são diferentes. Vocês verão também o futuro linear à medida que girar a roda da energia.

Atualmente há muita informação que pode ser partilhada. Agora, estamos simplificando as coisas porque precisamos muito transmitir em massa essa energia. Os raios do homem estão sendo absorvidos no seu próprio sol. Ele está absorvendo todas essas forças de energia, criando uma unidade nunca antes conhecida pelo homem. Não podemos esperar que vocês compreendam totalmente, o que não é uma humilhação. Quando o cérebro recebe informações demais ele "implode". Assim, é melhor simplificar.

Vemos bondade no coração de vocês. Nós conhecemos sua força de vontade. Não é preciso lutar com estas informações. Vemos o coração de todos os homens e podemos dizer-lhes, para trazer bem-estar e calor, na verdade e na realidade, que o coração do homem é forte. A força de energia do coração está se tornando ampla e vibrante. Essa é a força que levará a Terra a ser o planeta do coração, o planeta da cura, o planeta da força.

• 3 •

Parte de Deus

A elevação da consciência do homem significa muitas coisas e tem efeitos diversos sobre as coisas vivas, pois a consciência não se eleva apenas no homem, mas em todas as coisas vivas. Isso inclui, naturalmente, os animais, as árvores e as plantas. A consciência está percebendo o ser. Isso envolve muitos níveis: vocês percebem o corpo físico, mas há muitas coisas vivas que não o percebem. Vocês percebem a dor, a aflição, sabem o que fazer quando se cortam. A sobrevivência instintiva é uma percepção, um tipo de consciência. O passo seguinte é ter consciência de outros seres. Vocês dizem: "Temos consciência de nós mesmos", e então tornam-se conscientes dos outros. Desse ponto em diante, vocês tomam consciência da energia que outros homens emitem, seja no nível físico ou em outros níveis, e é claro que chegamos à consciência das emoções — ao corpo emocional. Para o homem, foi um grande passo tomar consciência de suas emoções, o que já foi discutido em outro livro. O salto que o homem deu da consciência do corpo à consciência das emoções foi muito importante, pois, nessa evolução, ele criou um campo de energia por meio de sua consciência. Ele criou um corpo emocional em torno da atmosfera de si mesmo e de seu mundo. Essa atmosfera é a base do seu plano astral.

Então, o homem aos poucos tornou-se consciente da mente e da psicologia da mente. Isso criou uma energia mental, uma força inteligente. Cada vez que se elevou nas várias consciências, por meio da vibração em ondas que emana dele, o homem conseguiu entrar em contato com energias semelhantes. Como não há muitos globos como o seu, não foi possível entrar em contato com outras energias emocionais ou físicas; mas como chegaram à mente, há uma consciência mental cósmica, universal, que pode ser contatada, como está sendo agora.

Omitimos um fator importante da evolução, que é a consciência do coração: a vibração de amor superior que agora se torna a base, o fundamento da evolução humana por vir. Assim, a vibração física não será a mais baixa, mas a do amor. Alguns acharão isso estranho, pois sempre acreditaram que o amor era a freqüência mais alta, o que foi verdade durante muitos anos. Mas dizemos que ela não é a freqüência mais alta do cosmos. Ela será agora a base do que está por vir: a mente, a vontade, o ser da plenitude. Vocês estão se tornando cada vez mais atentos a uma consciência além da sua.

Fiquem tranqüilos, queridos filhos da Luz, fiquem tranqüilos. Vocês podem ter consciência da sensação que envolve tocar uma margarida e vocês podem ter consciência da mente de Deus, e mesmo nisso não há fim, não há começo. Nós estamos ajudando a enviar outras freqüências de Luz, que penetrarão na consciência de vários tipos de seres humanos. Foi relativamente fácil influenciar as pessoas sensíveis, apesar de ter sido difícil para algumas dessas mesmas pessoas, sensíveis e intuitivas, pois elas estiveram sozinhas durante muito tempo no seu conhecimento; foram ridicularizadas, desprezadas e negadas. Agora a inspiração está chegando à mente do homem simples, à mente do intelectual, e à mente do cientista. No início, a iluminação só podia penetrar os mais sensíveis dos homens da ciência; mas, com o tempo, ela penetrará em todos. Foi importante para o homem percorrer esse caminho na sua jornada, em muitos casos cego para o que estava acima, abaixo ou à sua volta. Foi graças ao trabalho realizado que todos os homens terão acesso a pelo menos um pouco do conhecimento que partilhamos.

A ciência está em vias de descobrir a quarta dimensão. Segundo a linguagem de vocês, a quarta dimensão está mais próxima do que a quinta, mas o homem está prestes a descobrir esta última, a quinta dimensão de Luz e tudo o que isso significa. Agora, há seres em comunicação com vocês porque a atmosfera foi aberta. Alguns de vocês já receberam um sussurro dessa informação, especialmente nos últimos três a cinco anos. Antes disso, muito poucos receberam alguma coisa. Mas agora a energia está aqui e vocês podem usá-la, usar essa força de Luz. É como um sol permeando o espaço que há nas nuvens. Ele aparece e desaparece; depois as nuvens se dissipam completamente, deixando-os imersos nesta energia de Luz. Trata-se de uma nova atmosfera, que está afetando a matéria, o espiritual, o mental, a mente, o amor, as vibrações do coração, as emoções e, por último, o físico. Vocês precisarão trabalhar para resolver o apego ao físico e ao emocional, e precisarão se desligar conscientemente dessas freqüências inferiores para abranger a vibração da Luz.

A energia do coração, a energia do amor que é a manifestação física da Luz, é a base para essa nova geração da consciência. A liberação do medo dos centros inferiores cria possibilidades além das imaginadas. A vida de vocês tem sido ditada pelo medo; mas não será mais assim. Vocês sentem simpatia e compaixão por outros homens porque conhecem a dor e a freqüência da dor que eles podem sentir; no entanto, como haverá muito menos dor e sofrimento, haverá, naturalmente, muito menos necessidade de compaixão. Vocês trabalharão juntos como uma força harmoniosa de Luz. Os seres de Luz são o futuro e o passado de vocês. Como vocês, eles esqueceram a própria história, mas lembram-se dela ao se aproximarem de vocês. Eles dançam quando vocês riem. Eles têm imensa curiosidade sobre a sua forma de existência. Eles estão começando a reconhecê-los como filhos. Falamos "eles" e "deles" como se fossem um conjunto de pessoas; mas não se trata de um conjunto de pessoas e, sim, de uma consciência de massa, de outros lugares do cosmos. Eles se aproximam à medida que vocês emitem freqüências mais elevadas. Eles vêm em resposta ao chamado de vocês. São seres de Luz e estão alguns passos além de vocês no processo evolutivo. Vocês ficaram tão atolados no globo terrestre e na sensação física de ser, que o corpo de vocês ficou isolado no cosmos, isolado pela sua atmosfera — a atmosfera de emoções que abrange a escuridão.

É verdade que há o igual e o oposto de todas as coisas, mas não o oposto no sentido em que vocês pensam: positivo e negativo. É melhor descrevê-lo como os dois lados da mesma moeda, pois um lado da moeda não tem menos valor no todo. Esperamos que compreendam isso porque alguns procuram a escuridão no cosmos. Afirmamos antes e voltamos a afirmar que no cosmos não existe, virtualmente, escuridão, como vocês a compreendem. A maioria dos planetas vivos e vibrantes são planetas de Luz. Eles têm sua polaridade, mas não polaridade de escuridão. Quando falam do negativo, vocês pensam imediatamente em alguma coisa menos importante. Vocês usam a palavra negativo para descrever uma energia subserviente: "Aquela pessoa é negativa, aquela força é negativa." Esse pensamento e esse sentimento ajudaram a criar uma escuridão à volta do globo terrestre. Pensem nos dois lados de uma moeda, iguais em valor. É assim que o cosmos compreende a polaridade e, ao usar o termo energia negativa no cosmos, não nos referimos a alguma coisa ruim, negra, à oposição: nós nos referimos a algo diferente. Há matéria e há antimatéria. Antimatéria significa invisível, significa diferente do físico. Não se trata de uma força maléfica. Vocês sabem muito bem que, para gerar eletricidade, há o pólo positivo e o negativo da bateria — um sem o outro não gera energia. E assim é no cosmos. Vocês precisam afastar definitiva e irrevogavelmente a idéia de atmosfera negra no cosmos. Seus pensamentos, ao permear a atmosfera e sair do globo, estão gerando energia. Assim, esses pensamentos devem ser claros. O cosmos não tolera forças destrutivas. Vocês tiveram permissão para produzir destruição no planeta, mas não terão permissão de produzi-la em outro lugar. Não haverá guerra nas estrelas, pois o cosmos repelirá essas forças, se por acaso ultrapassarem sua atmosfera.

Está fora de sua freqüência de pensamento imaginar e absorver o conceito de estar em contato com toda a consciência do cosmos. Até para os processos originais de pensamento ele é ainda muito grande em seu ser. A mente e a consciência de Deus têm muitos braços que alcançam muitas forças, muitos seres, e cada um desses seres é como uma criança que é trazida à Luz para ser alimentada e cuidada. Vocês são nossos filhos porque têm consciência da mente de Deus e a ouvem.

Falamos de força que, assim como a consciência, pode ser descrita como tendo várias camadas. Vocês falam da força muscular física, de força emocional, da força do amor, da força do intelecto, da mente. Queremos que compreendam agora a força do todo, a força da fonte de Deus, que estará à disposição de vocês à medida que forem absorvidos pelo todo. O intelecto, naturalmente, é a técnica da mente. Esta é a vibração e o reflexo da energia mental do todo da fonte. "Como é embaixo, assim é em cima", vocês dizem; mas, na verdade, não há em cima nem embaixo. Todas as coisas estão reunidas em uníssono; nós diríamos "assim no homem como em Deus". O homem realiza o pensamento de Deus enquanto está no corpo físico. Ele realiza a vontade de Deus. Vocês falam de livre-arbítrio, e existe livre-arbítrio na vontade de Deus. Vocês não são controlados, mas não podem deixar de ser afetados pela vontade de Deus, pois a vontade de vocês é o clone físico da vontade de Deus. Vocês perdem tempo, queridos filhos, ao falar do mal. Este tem sido a realização de uma força destrutiva e tem criado uma força em grande parte desconhecida no Universo. Vocês não podem abranger a realidade do conhecimento do todo, mas às vezes vocês vêem um reflexo dele, e até sentem a ligação com ele.

Nós usamos a linguagem de vocês quando falamos do tempo. Este está preso por amarras frouxas entre as dimensões. É o tempo que mantém unidas essas cordas frágeis. Presumir o tempo é essencial à condição humana; mas, assim como as condições físicas e emocionais estão se modificando, assim está se modificando sua relação com o tempo. Ao ler estas palavras, alguns de vocês ficam perplexos, não compreendem e torcem o sentido. Sabemos que alguns de vocês acharão que nossa última afirmação significa que vocês não têm corpo físico. Como já foi dito, vocês continuarão com um corpo físico, que está se modificando para abranger a freqüência da Luz. O processo evolutivo, contudo, ainda tem um longo caminho pela frente antes de vocês perderem o corpo. Este se tornará, para vocês, um receptáculo de muito menor importância. Ele ainda precisará ser mantido, alimentado, cuidado, mas de maneira muito diferente da do passado. Conservem-se serenos no coração e na alma. Agora, essa quietude é imperativa. Sem ela, vocês não podem evoluir para o que devem se tornar, ou seja, um corpo de freqüências de Luz.

Não tenham medo; nós estamos trazendo a vocês informações animadoras. Não tenham medo do poder que vocês possuem. Não tenham medo da força interior que vem da união com a consciência. Não tenham medo dos corpos de Luz de outros mundos próximos a vocês. Não tenham medo porque o Pai ainda está com vocês. Alegrem-se na chegada da nova onda. Alegrem-se. A informação que trazemos não se refere a calamidades, não sugere que neste momento ou naquele isto ou aquilo vai acontecer. Essa informação serve para projetar a mente consciente de vocês nas possibilidades reais — talvez probabilidades — do seu crescimento. Vocês têm vontade livre. Os que negam essa informação deverão esperar que a próxima roda gire rumo à Luz, e a próxima roda pode levar muitos, muitos anos-Luz para se mover. Isso não importa em termos de desenvolvimento, em termos do que é atemporal; mas, queridos filhos, nós lhes pedimos que aproveitem essa oportunidade. Não há limite para as almas que podemos envolver na nova Luz. É só a sua falta de confiança que cria as divisões. Até as mais altas consciências da Terra, aqueles que sabem muito, nunca imaginaram que sabiam tudo, pois um indivíduo vê, no máximo, parte do quadro. Algumas pessoas vêem mais do que os outros, mas não existe um único homem vivo que possa ter consciência do todo, pois a área em questão é grande demais para a compreensão humana; mas todos os homens vivos têm a capacidade de ver o todo em partes que, com o tempo, se fundirão num mar, o aspecto total do quadro universal.

Estamos trabalhando através de um canalizador que tem um vocabulário médio, uma inteligência média e um grau de sensibilidade que dá para abranger o que falamos. As palavras que usamos são palavras que o homem de inteligência média pode compreender. Para que compreendam, porém, as forças conceituais que há por trás delas, devem abordá-las com a percepção sensível.

A velocidade do globo terrestre está sendo alterada. Isso está modificando a estrutura das vibrações. Assim, é difícil transmitir esta informação porque muitos de vocês não têm consciência de alguns dos fatos que expomos. Só recentemente o homem tomou consciência de que o planeta Terra apresenta uma nota, uma vibração que pode ser contatada. Esse conhecimento existiu em tempos passados, mas só agora o homem começa a recuperá-lo e ainda há alguns que o negam. Assim, esta informação é difícil de ser transmitida porque trata de coisas que são factuais, das quais vocês não têm consciência. Além disso, é difícil levá-los além desses fatos — sobre os quais não estão certos — para que alcancem a conclusão dessa evolução do homem. Pedimos apenas que tenham a mente aberta, no verdadeiro sentido da palavra. Pedimos que olhem para além destas palavras. Pedimos que olhem para os conceitos que estão além delas, pois só assim compreenderão a percepção elevada e a verdade do que falamos.

Não imponham o próprio conhecimento aos outros. É melhor sugeri-lo amavelmente, apresentá-lo. Não criem uma nova religião — estas não são informações que possam ser estruturadas, e causarão muita dor se o tentarem. Cada homem deve descobri-las na própria consciência. O homem tem de descobrir sozinho a sua verdade para que possa, por sua vez, ser parte de Deus de maneira consciente. Nós deixamos vocês com esse pensamento.

• 4 •

Energias Invisíveis

Em parte, estas informações são tão difíceis para vocês porque se referem a assuntos que a maioria não reconhece conscientemente. Essas informações dizem respeito a energias cuja existência é negada pela maioria de vocês; mas mesmo entre os que sentem as energias, alguns ainda têm dúvidas sobre a validade das informações que recebem; entretanto, o padrão de energia em torno do globo terrestre mudou e os seres de Luz que cuidaram da Terra em todos os níveis, do físico aos planos mentais superiores, estão, por assim dizer, na mudança de turno, pois o trabalho das antigas energias está concluído. Os velhos mestres, que realizaram extremamente bem seu trabalho, estão se retirando e partindo para os próprios domínios individuais de evolução. Por um momento, algumas dessas energias se misturarão e se fundirão com as novas, mas depois dançarão na direção das próprias formas superiores de Luz. Sempre foi mais fácil, particularmente no passado, personificar essas energias, falar em hierarquias, falar de mestres de grupos. Isso é algo que a mente humana pode compreender, mas em alguns casos não é muito exato; embora cumpra o seu objetivo. A hierarquia, como alguns de vocês reconhecem a energia, está fazendo a última tentativa de elevar a consciência, estimulando objetos, mentes, pensamentos e emoções de uma maneira que no passado teria sido considerado uma interferência. Trata-se, como vocês dizem, de um tipo de "mata ou cura", mas o tempo em que vocês vivem exige essas atitudes. Assim, há fenômenos que vocês consideram mudanças no temperamento das pessoas, que parecem estar alteradas, fugindo às vezes de si mesmas. Isso tudo faz parte da mudança.

Pequenas manifestações físicas de energia estão permeando o corpo e penetrando a consciência. A ciência médica não compreenderá algumas das doenças que aparecerão nos consultórios e nos hospitais. Haverá tumores que surgirão do nada e que, analisados, não serão nada, mas que mesmo assim serão registrados. É a freqüência de energia dentro do corpo que muda e se altera, criando pequenas saliências no interior do corpo físico. Elas desaparecerão e não causarão maiores problemas. Escolhemos com muito cuidado nossas palavras: haverá uma onda de ocorrências, de doenças sem explicação. Se tentarem explicá-las, principalmente em termos psicológicos, não encontrarão resposta, o que causará frustração e irritabilidade. O mundo de vocês está passando por algo de que vocês não têm experiência nenhuma.

Já falamos do fim da influência kármica, o que é verdade. O ciclo está completo e agora estão avançando para uma espiral mais alta. Esse ciclo durou muitos milhões de anos. Não há registros anteriores de informações humanas ou quaisquer outras, nem fisicamente, nem conscientemente, nem mentalmente, nem em qualquer outro nível. Assim, muitas almas estão aqui hoje porque são velhas almas, porque vieram no começo. Podem ser líderes capazes de ajudar os outros que não compreendem tudo o que está acontecendo. A maioria de vocês compreende muito pouco; por isso essas velhas almas são muito necessárias.

Tentamos novamente transmitir a informação em termos muito simples, pois só através da simplicidade vocês podem compreender; contudo, no interior das sementes simples dessa informação que semeamos há outras, com grande informação conceitual. Se, tendo recebido uma parte dessa informação, vocês a assimilarem e não procurarem refletir sobre ela, alguns conseguirão compreender a informação conceitual superior que há por trás da simplicidade. As palavras c o discurso sempre foram uma freqüência menor, e descrever esses pensamentos conceituais do Universo em palavras é algo que simplesmente não é possível; podemos, no melhor dos casos, espalhar as sementes. Assim, perceberão que, de vez em quando, fazemos um pouco de rodeios. É de propósito. O fato de agir assim, de saltar de um lado para outro, cria entre os pensamentos uma energia que acelera e aumenta a compreensão conceitual. É claro que alguns lerão e ouvirão essas palavras e perceberão essa simplicidade. Isso também tem valor.

Trabalhamos com muitos canalizadores, não da maneira com que trabalhamos com este, mas de maneiras diferentes. Estamos trabalhando com cientistas, com médicos, com pessoas inspiradas e criativas. Há muita ação conjunta entre as almas que podem receber essa informação. Parte não será publicada, servindo apenas para iluminação daquela determinada alma, para que ela a transmita às pessoas próximas e assim por diante. A revolução das religiões, há aproximadamente dois mil anos, foi feita de maneira modesta, com pensamentos modestos; atentem para a enormidade dessa influência.

Voltamos a dizer que a informação pode ser recebida através da elevação da consciência e da abertura aos planos superiores e — repetimos — isso é acessível a todos. Não se trata de uma situação oculta ou secreta. Ela está aberta a todos cuja perspectiva possa abrangê-la.

Já falamos um pouco da transformação das dimensões e da matriz de tempo que mantém juntas as dimensões da Terra. Isso significa que a vibração do som, a vibração da visão, da Luz, está se movendo e se alterando. No momento, algumas pessoas vêem Luzes que piscam no céu; elas as vêem à luz do dia, mas não sabem do que se trata. Pois são estímulos da energia na atmosfera. Na realidade, as energias estão com vocês agora, à volta de vocês e passando através de vocês. Ela é estimulante, é faiscante e visível aos olhos físicos de alguns. Isso significa que, num curto espaço de tempo, alguns de vocês conseguirão enxergar de maneira diferente, não como os raios X, mas através das coisas. Por mais fantástico que isso possa parecer, quando tiverem terminado o trabalho com os novos campos de energia, a matéria, como vocês a chamam, não será mais sólida. Assim, a seu tempo, todos vocês poderão passar através de estruturas sólidas.

Esse conhecimento que permeia pode ser perturbador. Vocês estão achando difícil manter os pés no chão e no cotidiano. Repetimos que a paz interior é imperativa e que não podem prosseguir sem ela. Ao dizer isso, queremos também dizer que vocês precisam de silêncio, de espaço. Nem sempre isso é possível nessa atmosfera de poluição barulhenta, mas vocês encontrarão uma maneira. Cinco minutos por dia ajudarão vocês a se adaptar e a acompanhar às mudanças. Vocês estão se tornando espíritos livres, estão se tornando livres dentro do corpo, o que nunca antes ocorreu. Isso dá ao corpo de vocês uma forma e uma estrutura completamente diferentes, permitindo que seus corpos trabalhem de maneira diferente em várias freqüências.

A energia de que falamos já vem penetrando na atmosfera terrestre há algum tempo. Penetrou primeiro através da inspiração, indo até os sentimentos intuitivos; depois até os mentais e emocionais. Agora está com vocês dentro do corpo. Em pouco tempo, seus cientistas não terão mais escolha e admitirão a existência de energias além das que podem ver, pois ficará claro que há algo se movendo e se modificando, e precisariam ser cegos demais para negá-lo. É sempre difícil precisar a época, mas é mais provável que em dois anos a ciência mude de atitude a respeito de energias invisíveis. Guardem bem as palavras "energias invisíveis". Elas serão repetidas e compreendidas. Encontrarão a maneira científica de descrever o que vocês já conhecem como campos astrais, e eles descobrirão a quinta dimensão da Luz.

Dissemos, em comunicações anteriores, que era importante que vocês aproveitassem a vida, que se sentissem privilegiados por poder usufruir do ser físico, do toque, dos cheiros, da visão, dos sons. Dissemos que era importante aproveitar o corpo físico porque ele, como vocês o compreendiam, não reage mais da mesma forma. Isso foi — e falamos no passado — uma experiência que não poderão mais ter. Isso não significa que não poderão mais usufruir a Terra — muito pelo contrário; mas significa que vocês não poderão mais desfrutá-la como antes. Os que têm estado em contato com o corpo, particularmente por via da dança e do movimento, compreenderão muito bem esse aspecto.

Haverá um colapso do sistema imunológico. As células do corpo estão sendo alteradas e, embora ainda não apresentem diferença alguma sob uma lente de aumento, essa diferença logo aparecerá. O mecanismo de defesa do corpo combate a mudança e a transmutação das células da mesma maneira que combate os vírus. Isso desarranja todo o sistema do corpo. Sabemos que é difícil para vocês compreender que o corpo tem uma espécie de consciência, mas ele tem. Nesse sentido, o corpo não sabe o que está fazendo. Isso, naturalmente, afeta a imunidade, o que significa que há pessoas que não conseguem se curar de doenças que avançam em forma cíclica durante semanas ou meses. De certo modo, isso pode ser observado nas gripes e, de maneira mais contundente, em outras viroses; mas o corpo é um instrumento que se acomoda maravilhosamente. Vocês se esquecem de que o corpo evolui e que só sobreviveu graças à evolução. Quando uma nova situação ocorre, ele imediatamente age para absorvê-la, e é isso que ele está fazendo agora. Há, naturalmente, os que estão tendo dificuldades físicas nesta época de mudanças, mas isso vai passar. É importante que percebam que o corpo está ficando mais forte, não em termos de tamanho e capacidade muscular, mas o padrão celular está mais forte. O DNA, como dizem vocês, está diferente e mais forte. Vocês verão.

No passado, vocês tiveram grandes pragas. A história de vocês guarda o registro delas. Nessas pragas, alguns sobrevivem, outros morrem. Nem sempre é possível saber por que apenas alguns sobrevivem.

O efeito da camada de ozônio é que para alguns ela significará — e enfatizamos a palavra — um tipo de radiação nociva, mas a abertura da camada de ozônio faz parte da mudança. Dizemos, com toda a sinceridade, que isso não significa que não haverá fatalidades. A palavra fatalidade é terminologia de vocês, pois não existe morte. Haverá, continuando a usar essa terminologia, sofrimento, mas o corpo sempre se adaptou às suas forças. Assim, vocês verão que as pessoas sobreviverão e sairão fortalecidas. Isso não significa que não se deve tomar precauções. No nível puramente físico, é importante proteger o topo da cabeça, principalmente para os que não têm muito cabelo e têm pele delicada. Pois essa abertura produzirá queimaduras e deficiência nas células, criando a possibilidade de células cancerígenas. Não queremos alarmá-los, mas afirmar que isso faz parte da grande jornada que o homem está empreendendo, uma jornada positiva para novos estados do ser. A abertura da camada de ozônio está permitindo a entrada de raios cósmicos, essenciais para o desenvolvimento e o crescimento do homem. Com o tempo, a camada de ozônio vai ser reparada. Não vai voltar a ser como antes, mas vocês terão uma camada protetora à volta do globo. Só que isso levará tempo e a ciência não pode fazer nada.

Falamos um pouco do aumento do fundamentalismo e do nacionalismo quando tratamos dos focos de negatividade — focos de energia, reunida como a poeira que vocês juntam do chão. Ao serem reunidas, elas criam uma energia perturbada. Essa energia se manifesta naquilo que vocês descrevem como fundamentalismo. Isso é necessário para que vocês consigam sair disso. Mais ainda do que na época de nossa última comunicação, as forças negativas à volta do globo terrestre não têm escolha: elas devem transformar-se em Luz. Assim, vocês verão esses focos de medo. Eles serão alarmantes e alguns gerarão a destruição; mas os que estão sintonizados com a própria intuição e com a própria nota interior não estarão perto e muito menos serão parte dessas situações. Falamos de uma época em que houve muito movimento de pessoas, de populações. Dentro dos próximos meses, isso vai ocorrer novamente, em grau menor. Vocês verão grupos de pessoas mudando-se para outros locais do globo, de forma muito mais acentuada do que antes. Isso tem relação com a adaptação das freqüências. Os mais intuitivos não estarão nos lugares onde se formam esses focos escuros de energia. Nem poderiam estar, pois sua energia de Luz é repelida pela escuridão; mas haverá, infelizmente, alguns colapsos, inclusive entre as personalidades políticas. Vocês depararão a emoção, as lágrimas e a tristeza. Vocês precisam enviar sua Luz para todas as pessoas do poder, pois o caminho delas é muito difícil. A consciência superior e a hierarquia trabalhou nos últimos cem anos para colocar em posição de mando os líderes certos. Independentemente de suas crenças políticas ou morais, compreendam que, em geral, cada líder é o líder correto, mesmo quando parece ser destrutivo. Não estamos dizendo que todos os líderes são seres de Luz sintonizados com a própria espiritualidade. Estamos dizendo que cada líder é o líder certo para aquele momento. Isso é mais difícil para os líderes que têm, como vocês dizem, consciência. Pois a tensão que precisam suportar é mais forte do que em qualquer outra época da história, incluindo a liderança nas guerras. Assim, pedimos que enviem a Luz e a força de vocês para eles, pois essa Luz é necessária para ajudá-los na sua proteção e conhecimento.

Está ocorrendo uma grande abertura do córtex cerebral na mente e no cérebro. Para vocês, é quase impossível compreender esse fato. Ela é simplesmente uma abertura, uma porta, um raio de Luz, de forças de energia, que está entrando. Ela está além de qualquer outra energia que vocês já receberam. Isso está ocorrendo em massa, e logo vocês verão sinais desse abalo, especialmente em seus líderes.

Nunca antes a idéia de "viver o momento" teve tanta importância. Atmosfericamente, cada momento é um impulso, no nível celular e mental. Cada momento é um salto. O tempo está se alterando e sendo carregado. Como vocês dizem, vocês estão vivendo num tempo diferente. A velocidade do tempo, a relação do tempo com as dimensões, está se alterando. Assim, para cada indivíduo a tranqüilidade é importante e é importante acompanhar o momento. Alguns desses conceitos exigem tempo e consideração cuidadosa, mas nós deixamos vocês hoje com a consciência de que a população do mundo está sendo libertada.

• 5 •

A Escada da Consciência

Há, agora, um espaço claro em torno do globo terrestre, um ponto claro de entrada para as novas energias. Aliás, elas não são realmente novas, pois já estiveram aqui antes. Ocorreu uma enorme volta em torno de todo o sistema, ou seja, do sistema solar e de todas as outras estrelas. Há um gigantesco contínuo girando. "Rodas dentro de rodas" é a analogia que usamos antes, e ela é exata. Agora, à medida que as rodas giram, vocês se adaptam e se abrem para essas forças. Repetimos que isso não seria possível se não fosse o trabalho incansável no sentido de abrir passagens na atmosfera exterior de vocês. A hierarquia, os mestres interiores e exteriores e outras pessoas ajudaram. Às vezes, é mais fácil para as pessoas ajudar sem saber, como boas almas que são.

Assim, as forças desceram a escada, vindas da consciência superior, e agora vocês sentem essa energia e recebem essa informação no nível da Terra. Elas vieram de Deus e descem a todas as criaturas, até a menor delas, até ao menor grão da Terra, e vocês sentem a ressonância dessa energia. Não podemos falar do tempo em que isso começou, pois é algo que estaria além da nossa compreensão, embora possamos dizer que todo esse processo começou há muitos anos. Este é realmente um momento decisivo para vocês, para o globo terrestre, para todo o sistema e para o cosmos.

À medida que giram, essas rodas vão-se tocando, o que produz faíscas e diminui a barreira entre uma roda e outra. Assim, ocorre um tipo de comunicação entre os sistemas. Falamos em termos muito simplistas. Para vocês, é mais fácil compreender quando falamos de sistemas e rodas. A informação que atravessa as muitas camadas da consciência veio de lugares diferentes e de diferentes forças de energia, que no passado não chegavam à sua dimensão. Alguns desses pontos de travessia não estão fora da dimensão de vocês, o que significa que a travessia aconteceu nessa dimensão, mas num espaço diferente, e algumas travessias se deram entre as dimensões, o que já é outra coisa. Assim, está ocorrendo uma polinização cruzada de energias neste planeta. Isso está provocando, mesmo no homem inconsciente, sonhos de tipos que ele não conhecia. Estão ocorrendo distúrbios na mente, mesmo que o homem não perceba.

Devido ao enfraquecimento da ligação entre as rodas, essa força de energia está penetrando as várias camadas dos corpos e das dimensões. A maioria dos leitores tem alguma familiaridade com aquilo que vocês chamam de corpo mental e corpo emocional. Essas energias perturbam — não damos a isso um sentido negativo, mas mesmo assim é uma perturbação — também o físico. Vamos esclarecer um pouco mais esse ponto, pois é por meio dele que vocês perceberão o efeito da energia. Para a maioria das pessoas, o primeiro prenúncio disso ocorre naquilo que chamam de mente subconsciente, na forma de pequenos lampejos de intuição e despertar. É aquilo que alguns de vocês chamam de "Luz interior", lampejos de Luz. No início, isso é ignorado, mas depois chega cada vez mais perto da superfície por meio de sonhos e de experiências. Nesse período, o homem tem vivido muitas situações a que chama de coincidências e sincronismos surpreendentes. É claro que isso acontece devido às passagens que se abrem e à elevação do magnetismo no interior do indivíduo. Depois, chega-se ao estado mental: a mente e os pensamentos. É nesse ponto que a pessoa se dá conta de que algo está acontecendo. Incidentalmente, esse processo tem ocorrido quando houve despertar espiritual. Falamos disso agora, neste tempo de mudanças, porque ela não ocorre mais a uns poucos, mas, em certa medida, a todos os seres vivos. Assim, trata-se de uma elevação em massa da consciência, que no passado acontecia a poucos.

Em trabalhos anteriores, já falamos da diferença no magnetismo quando o reconhecimento e o despertar ocorrem em muitos níveis. É então que ocorre a mudança de freqüência. Quando o corpo mental é estimulado, o efeito fica óbvio para vocês — através do magnetismo de seus padrões de pensamento em mutação. Suas formas de pensamento afetam o mundo exterior e a maneira de o mundo exterior reagir com relação a vocês. Assim, automaticamente ocorrem mudanças na vida de um determinado homem. Depois, por meio dos processos mentais, o efeito chega ao corpo emocional. Este, naturalmente, está ligado ao plano astral, ou esteve ligado no passado. Esse corpo emocional está dentro e fora de seu corpo, naquilo que chamam de "sombra". Na última publicação, falamos rapidamente que todas as emoções são negativas. Essa informação pode ser perturbadora, mas da mistura de emoções e amor, falamos unicamente das emoções. Elas geralmente são destrutivas porque, ligado ao estado emocional, está o elo com a sombra — o corpo astral. Todos os que estão verdadeiramente despertos precisam dissolver os restos do corpo astral. Isso pode ocorrer automaticamente, mas em alguns casos é necessária uma ajuda. Há agentes da cura trabalhando com isso. Aliás, alguns deles não sabem o que estão realmente fazendo ao afastar aquilo que consideram uma sombra. Em alguns casos, eles a vêem como uma entidade quando, na realidade, estão afastando parte da energia negativa. Essa é uma parte importante do trabalho de purificar e despertar. É liberar o corpo.

A energia do coração é a energia que une o que está em cima com o que está embaixo, tornando-se, neste ponto, a base da energia em que vocês estão trabalhando. As emoções eram necessárias como parte da jornada kármica. Por meio delas, vocês aprenderam muitíssimo. Vocês cresceram e prosperaram e, por isso, alguns sentem que as emoções devem ser mantidas; mas se conseguirem separar as emoções dos verdadeiros aspectos do amor e do verdadeiro aspecto da força da Terra, verão que são uma força isolada, criada por vocês e para vocês. Ao evoluir, a consciência superior, mesmo aquilo a que chamam de raios mestres, não sabia o que ia ocorrer. As emoções eram, digamos, um elemento surpresa. Agora elas estão diminuindo, se dissolvendo, e é assim que deve ser, para que vocês possam trabalhar em planos mais altos. Descendo, a escada toca o corpo físico através do etérico, o portador da Luz, que é a cópia do ser físico.

Não é com as mudanças físicas que alguns de vocês estão preocupados. Neste momento, o padrão da mudança física, o padrão da estrutura celular e molecular de vocês está se alterando, não é fixo. Assim, não há conhecimento completo do que pode ocorrer em determinado período de tempo; mas sabemos que o núcleo de suas células, que é, se preferirem, a semente de sua germinação, está sendo magnetizado e desmagnetizado. É nesse ponto que alguns de vocês despertam para a realidade consciente da razão de estar aqui e daquilo que fizeram antes. Porque nessa perturbação e nesse despertar está a informação de campos de energia e de tempos passados. Essa perturbação no núcleo é semelhante ao que aconteceria se um engenheiro genético estivesse trabalhando em suas células para criar aquilo que vocês consideram um super-homem. Este não é uma criatura com força física, mas uma criatura de Luz. Isso foi mencionado no trabalho "A Dança Cósmica". Esta é uma informação difícil, pois falar de "super" e de "acima" cria imediatamente, para algumas pessoas, a incapacidade de enxergar as reais possibilidades e potenciais do homem. Nós lhes pedimos, uma vez mais, que contemplem essas possibilidades, pois não podem conhecê-las antes de olhar para elas.

No momento, através do mundo do sonho, do plano astral, estamos ajudando a harmonizar os sonhos do homem aos do super-homem. Precisamos dos sonhos do homem, das esperanças e dos verdadeiros desejos, que não são emocionais, da verdadeira nota do desejo, para projetar e fazer avançar. Sem isso, nenhum de vocês irá para mundos novos. Assim, queridos filhos da Luz, precisamos dos sonhos de vocês, pois é por meio desse estado de iluminação astral, desse anseio astral, que a Luz dissipará as trevas, pondo abaixo a barreira que o separa da realidade de se tornar o super-homem. Há muito a se considerar nestas palavras.

Quando falamos trabalhar com as pessoas por meio de seus sonhos, não falamos, de maneira alguma, daquilo que vocês chamariam de aspecto psicológico. Falamos do desejo de perfeição, do desejo de ir para casa. Com essa energia, com esse anseio, a humanidade criará a capacidade de chegar ao topo da montanha. Um homem só escala o topo da montanha quando sabe que pode, quando sabe que isso é possível e quando quer. Se ele tentar subir a montanha sem essa nota de desejo, é pouco provável que atinja a sua meta. Assim, estamos pedindo que inspirem as pessoas a sonhar, tanto de noite quanto no estado de vigília, com as potencialidades e potenciais do homem.

A semente genética de que falamos não tem relação com o desejo profundo, o potencial do super-homem. A semente genética é uma perturbação no interior da estrutura física celular que abre a vagem cheia de sementes, semeada há muitos éons, para o potencial da nova raça humana. Isso é difícil, pois ainda não mencionamos que era necessário ter essa possibilidade genética sempre presente. Usamos uma analogia, dizendo que era como se houvesse engenheiros genéticos trabalhando com vocês. Há uma perturbação na energia do interior da célula, e usamos novamente uma imagem, uma analogia. Está sendo criada uma vagem que vai ser aberta, com sementes que são diferentes da marca genética do momento. Assim, isso criará uma perturbação nas células, e quando derem à luz a nova raça, ela nascerá instantaneamente com os novos genes. É claro que isso não é uma afirmação de fato. Falamos em termos que vocês possam compreender, mas quando dizemos que existe um novo código genético pronto para os bebês do futuro, essa é uma afirmação concreta. Os bebês do futuro terão, realmente, uma nova marca em seu interior.

Em geral, quando as pessoas precisam de ajuda, elas

procuram as almas que podem ajudá-las. Ninguém precisa achar que é sua missão sair por aí curando. Basta manter-se à disposição. É isso que podem fazer e é isso que lhes é pedido, para criar outra vez, como tantas vezes dissemos, uma Luz perfeita no seu interior. Gerar energia clara envolve a criação de energia de cura. Se outra alma estiver necessitada, passando por um processo de despertar no qual você pode ajudar, então essa alma cruzará o seu caminho, sem que você faça nada especificamente; mas se alguém tiver o desejo — e usamos deliberadamente a palavra desejo — de formar este ou aquele centro ou local de cura, de um aspecto de cura ou de trabalho intuitivo, esse alguém terá a obrigação de seguir esse caminho; no entanto, a menos que tenham esse verdadeiro saber intuitivo, que saibam no nível da alma o que devem fazer, pedimos que se mantenham tranqüilos, polindo a própria pedra da cura, criando um campo de Luz que funciona como agente da cura automático para os que estão à sua volta. Sabendo que se pode ajudar, é difícil não sentir vontade de sair batendo nas portas; mas você não precisa bater em porta alguma, pois os que precisam de sua ajuda baterão à sua porta. Podem estar certos disso! À medida que se integrarem no processo do despertar, passarão a desejar o que é necessário, pois o desejo que existia num nível inferior de necessidade e de egoísmo agora está sintonizado com a nota da alma. Como é sintonizado com a nota da alma, esse desejo é puro e é correto, além de se transformar no motivo correto.

Precisamos assimilar nossos pensamentos para transmitir à pessoa que faz a canalização este processo simples de palavras, que talvez adquiram sentido ao falar de conceitos que estão além da compreensão da mente.

A estrutura do DNA dentro do corpo está mudando. Isto é, de certa forma, a continuação do que falamos antes. Esse DNA se constitui nos tijolos da estrutura humana, e a energia que vem de cima para o planeta de vocês altera automaticamente os tijolos da vida de vocês. Vocês nunca consideraram a possibilidade da relação daquilo a que chamam de DNA com freqüências superiores, com a consciência superior ou Deus, se preferirem; mas essa relação existe e sempre existiu. Se aceitarem essa realidade, perceberão também como ocorrem as mudanças no interior do corpo de vocês neste momento. Nestas palavras que transmitimos agora está o potencial para abrir a mente.

Alguns de vocês negarão a possibilidade da ligação com a mente de Deus. No passado, para a grande maioria, isso sequer chegava a ser uma possibilidade. Agora, há essa sintonia que pode fazer a ligação com a mente de Deus, a fonte da Luz, e isso significa perturbação nos planos mentais. Apesar dessa sintonia com as freqüências mentais, não podemos dizer que todos vocês terão o conhecimento da consciência superior de Deus; mas podemos afirmar que terão acesso a parte da biblioteca, por assim dizer, à passagem interior da mente. Isso só é possível por causa do colapso das rodas dentro das rodas de que falamos antes, só é possível devido à grande aceleração na evolução do homem. Nunca será possível, para qualquer ser individual, conhecer todo o processo do funcionamento de todas as forças de energia do cosmos. Como o homem se vê como algo separado de Deus, ele não consegue ver o todo; mas vocês estão se tornando menos individualistas neste ponto da evolução. Vocês estão se unificando em sua freqüência de energia e, à medida que se unificam, adquirem mais senso de desapego à Terra, desapego em relação à personalidade de cada um. Ao sentir esse desapego, vocês também se sentem como parte da união total. Essa união não é apenas a união com outros homens, mas também com outros seres de Luz. A união com outros seres de Luz, que alguns de vocês já reconhecem como tal, é fantástica para vocês. Em termos comuns, é como encontrar uma pessoa muito especial, que vocês querem abraçar, porque captaram sua energia. Agora, vocês têm a percepção dessa proximidade e esses seres estão se tornando parte de vocês. Esses seres de Luz, em termos de consciência, estão com vocês agora. A consciência deles está aqui, fundindo-se e somando-se à luz dos homens, à medida que a consciência de vocês acelera e se eleva na Luz. Isso está produzindo uma nota vibratória que, por sua vez, ajuda o todo da Terra e de outros globos. Falamos agora dessa vinda como de uma consciência. Isto é algo difícil de compreender, porque a consciência deles pode entrar e sair do físico. Não adianta dizer a vocês como são os seus corpos, pois vocês não têm referências para entender. Mencionamos este ponto porque muitos começaram a perceber essa união com os seres de Luz. Alguns de vocês consideram este como o aspecto mais importante da mudança. Mas não é, queridos filhos. Esse aspecto é como que um subproduto da mudança. É como se as linhas telefônicas entre o mundo de vocês e o deles estivessem livres. Nem sempre será assim, pois, à medida que a roda continua a girar, cada um continuará com suas ocupações nos seus mundos separados, mas a possibilidade de se comunicar e de fazer contato com esses seres de Luz é muito agradável.

Alguns de vocês perceberam a aproximação de uma força mais obscura que não tem relação com o astral; mas nós garantimos que essa força obscura não podia existir no mundo de vocês, que já se afastou e que não é equivalente a nenhum outro tipo semelhante de força no mundo astral.

Assim, aproveitem a comunicação com os seres de Luz. Eles dançam ao som do seu riso e não conhecem as emoções. Ao tocá-los, vocês terão um vislumbre da possibilidade do seu futuro. Há a possibilidade disso porque, à medida que o DNA se desenvolve, sem que vocês percebam, criam, por meio de seus desejos, o futuro. Vocês estão moldando o novo super-homem. Ao ter um vislumbre desses corpos de Luz, vocês têm um pressentimento e dão forma a essas possibilidades. É, queridos filhos, como se recebessem o barro para moldar a forma. Assim, vocês percebem agora a grande necessidade de ter, não apenas pensamento positivo, mas também mentes e desejos positivos. Vocês dão forma ao novo homem. Isso não é, neste ponto, um processo aleatório e automático. Ele se dá a partir da nota superior do desejo. Não se preocupem com o fato de os homens, que ainda são maus na intenção e inferiores em energia, interferirem também na forma do novo homem. Isso só é registrado no desejo elevado e, como falamos, esse desejo elevado forma uma coisa só com a Luz da nota mais alta da alma. Nisso há uma grande quantidade de informações que podem ser, na linguagem de vocês, fantásticas e além da realidade.

Ao longo da história, a evolução só se acelerou para os que foram inspirados e que se deixaram inspirar pelas forças superiores que criam uma energia magnética que eleva o todo. Sempre houve líderes, e estes lideram em inspiração e sintonia com a Luz. Nem sempre eles se dão conta disso e, como vocês dizem, são gênios. Sem que vocês saibam, alguns desses gênios não se tornaram públicos. Eles tiveram, dentro de seus corações e de suas almas, o desejo mais verdadeiro, o desejo altruísta do homem.

Expandam o coração, elevem a mente à possibilidade da Luz, todos vocês. Ao alçar a mente à possibilidade desses conceitos extraordinários, vocês os estarão moldando com o seu barro. O material do barro está na Luz, no magnetismo, nos pensamentos, no desejo, na mente de Deus que vocês agora tocam. Dizemos isso para que seja assimilado por vocês.

Para romper com o antigo — e uma ruptura é necessária, como alguns de vocês percebem — vocês precisam romper com as estruturas inflexíveis que construíram para si mesmos. O mundo financeiro é uma dessas estruturas, e tornou-se imperativo que se modifique o sistema segundo o qual trabalham. Ele está centralizando o pensamento das pessoas de uma maneira que jamais foi possível em outras situações. O homem chegou a um ponto de sua evolução em que não é possível voltar ao homem das cavernas, pois a energia é por demais refinada. Assim, se afastarem o material, não há perigo que isso ocorra. Vocês se preocupam com o fato de o homem poder se tornar agressivo, violento, ávido. A grande maioria não pode mais ser assim, pois a consciência ascendeu a um nível superior. Isso significa que, através da própria falta do material, eles se voltam instantaneamente ao que têm, e o que têm está no interior deles mesmos. Na verdade, eles têm suas almas, a energia e o conhecimento de que tudo está bem, de que não podem ser prejudicados e, mesmo que morram fisicamente, estão muito bem. Não tratamos especificamente desses assuntos porque, infelizmente, criariam para alguns a necessidade de se apoiar num tipo de "profeta", e isso não é o intuito destas comunicações; mas seria tolo dizer que esse recesso pelo qual estão passando vai melhorar ou desaparecer. Não vai. Ele está modificando todo o processo da vida material. Houve uma possibilidade de isso acontecer depois da Primeira Guerra Mundial. Falamos antes da energia que vem descendo a escada. Pois vocês podem perceber claramente, através do que está transpirando agora, que o homem atingiu o material. O homem acelerou muito. Haverá alguns líderes que saberão o que fazer pela espécie. Todos os focos negativos de energia precisarão ser içados para que se dissipem na Luz. Eles se juntaram em muitas instituições, inclusive a financeira; por isso, elas devem ser reformuladas. Nenhum homem que viva só no material deixará de ser afetado — e assim deve ser. Isso não é uma punição, não é uma intenção nem desejo perverso de forças superiores; é um processo necessário de destruir para construir.

Nós os deixamos agora; mas, antes, pedimos que considerem o aspecto do desejo da alma e da inspiração, que participam da construção do novo homem. Vocês têm ajudantes nos planos superiores. Pensem nisso.

• 6 •

Energias da Luz das Estrelas

Há um sentimento de urgência na atmosfera, uma necessidade de fazer tudo depressa, de ter um objetivo, de chegar a algum lugar. Está certo que tenham essa sensação, pois não há muito tempo no nosso mundo para fazer a mudança. Podemos afirmar agora que os que nunca palmilharam o caminho da Luz — nem nesta vida nem em vidas anteriores — não farão essa viagem. Isso não quer dizer que os que não têm conhecimento consciente da viagem não vão fazer a transição; mas está se esgotando o tempo para os que estão mortos para esse conhecimento, para os que não tiveram a experiência dele. Precisamos dizer-lhes agora, trabalhadores do caminho da cura, que não poderão ajudar os que não firmaram esse compromisso do espírito. Esse é um conceito difícil, que vocês não compreendem de pronto, mas que terão a oportunidade de constatar; mas se houve um único lampejo de luz no íntimo do indivíduo, ele ainda tem chance de prosseguir e de abraçar a nova fonte de energia que está aqui agora. Não é mais, como dissemos, um caso de se e de quando. É aqui e agora.

Em termos físicos, a possibilidade de essa energia se aproximar tem relação com mudanças na atmosfera física do planeta. Há muito tempo vocês sofreram a influência da luz do sol no globo terrestre. O Sol foi o criador de vocês no nível físico. Agora que, com as mudanças atmosféricas, a Terra está pronta para fazer seu movimento, ela já pode receber a energia de outras estrelas. E à medida que ocorre a transição e o movimento, essas outras estrelas, que também são sóis, começam a irradiar sua energia, sua freqüência e sua Luz, criando uma perturbação e uma regeneração de espírito em todos os que vivem no planeta de vocês, incluindo a vida animal e a vegetal. A energia dos que estão mortos para a transição do humano em despertar espiritual, como a folha que é arrancada da árvore, vai implodir. Esse é um procedimento automático. Mas falar agora de morte em massa seria contraproducente. Estamos dizendo que há um movimento em massa. As folhas estão sendo levadas pelo vento e descobrirão, através de seu magnetismo e de sua energia, o seu lugar. É assim que será.

Os sensíveis, os abertos e intuitivos, sentiram tudo isso primeiro. Os intuitivos agora estão recebendo comunicações da Fraternidade Branca, como vocês a chamam, de outros lugares. Há muito tempo eles trabalham com aquilo que chamam de Hierarquia. Agora estão começando a trabalhar com a comunhão da Fraternidade Branca que vem de outros lugares ou, como vocês dizem, de outros sistemas estelares. Isso pode lhes parecer ficção científica, mas não é. Houve sempre uma comunhão de trabalho entre todos os trabalhadores da Luz do cosmos. Alguns desses trabalhadores da Luz não sabem da existência dos outros, mas mesmo assim trabalham em uníssono na consciência superior, assim como, no nível superior, os indivíduos trabalham juntos mesmo sem o saber.

Sem que se dêem conta, vocês trabalham com outras consciências, com outros seres, à medida que a consciência de vocês se irradia em ondas, tocando e comungando com outras consciências. Há sempre em operação uma consciência de grupo, e o grupo individual ou a alma individual não precisa necessariamente saber disso no nível consciente. Agora o grupo deste planeta, na velha terminologia dos guias, está em comunicação consciente com guias e irmandades de outros lugares, à medida que a energia das estrelas, do sol de vocês, começa a impregnar o planeta. Isso é, como vocês dizem, uma força alienígena; mas alienígena não significa diferente, e não é, de maneira nenhuma, algo mau. Significa que especialmente os sensíveis estão entrando em contato com guias e com mestres da hierarquia, e também com seres cósmicos que têm outras informações. Por diferente não queremos dizer oposto. Essa informação não é alienígena para a Fraternidade Branca, para a sua hierarquia, mas tem uma perspectiva levemente diferente.

Os registros akáshicos nos planos astrais estão se dissolvendo. Estão sendo absorvidos pelos que podem absorvê-los. Algumas pessoas sensíveis os apreendem rapidamente e, na verdade, é como se tivessem todo o arquivo dos registros akáshicos no cérebro. Como isso está desaparecendo nos planos astrais, vocês podem conectar registros semelhantes, que poderiam ser descritos como os registros akáshicos de outros lugares, através dessas Fraternidades Brancas. Alguns de vocês já perceberam que a descrição de "Branco" é diferente da descrição de "Luz". Há seres de Luz, mas eles muitas vezes são retratados e sentidos como Seres Brancos da Luz. Alguns de vocês conhecem essa energia e começam a trabalhar com ela. É importante que o façam, porque a freqüência de energia da Fraternidade Branca — ainda a descrevemos assim — é uma importante energia de transição.

É importante construir e reconstruir a freqüência no interior do corpo, e alguns dos agentes da cura a usarão, mesmo sem o saber. São correntes elétricas de Luz, que jorram através do corpo modificando a estrutura. Falamos de consciência elevada, a consciência superior relacionada com o DNA. Agora, como vocês se moveram e seu planeta mudou sua atmosfera, vocês estão prontos e começam a entrar em contato com essa nova força. Vocês podem, através da consciência elevada do indivíduo e do grupo, entrar em contato e estimular as células do corpo, ligando-as e alterando-as. Não fiquem alarmados com isso. Para alguns, falar em alterar o DNA é como dizer que vocês se transformarão em mutantes! Não é esse o caso, mas vocês estão se transformando. Vocês estão se transmutando em espiritualidade no interior do corpo, uma rara ocorrência no cosmos — ressaltamos que é um verdadeiro privilégio viver neste tempo que vocês estão atravessando.

Vocês não vêem, não percebem as grandes possibilidades da combinação do espiritual com o físico? O espiritual tem sido uma dimensão e o físico outra. Apesar de reconhecerem a alma e o espírito interior, vocês ainda os consideram como duas freqüências dimensionais diferentes. Mas o despertar e o desenvolvimento da essência espiritual — do corpo etérico ao físico — está ocorrendo agora. É como se o positivo e o negativo estivessem colidindo e se combinando. Matéria e antimatéria tornam-se uma coisa só. Os que adotam uma atitude científica descartam essa possibilidade. É algo raro, mas que está ocorrendo nesta mudança cósmica. Nesta transição, alguns de vocês continuarão com o corpo. Essa transição já aconteceu antes, mas havia uma diferença: era, então, impossível manter o corpo, o físico.

Isso significa, naturalmente, uma mudança na estrutura das células, para que vocês possam conter a massa espiritual interior através do ser etérico. Assim, alguns de vocês estão vivenciando a possibilidade de moldar, através de uma espécie de trabalho de cura, o corpo etérico, criando assim um novo molde para o físico. Para vocês, é difícil perceber essa possibilidade e abrir a mente para ela. Ao darmos esta informação sabemos, desde já, que alguns fugirão dela. Que seja. Alguns dos que fogem dessa informação abrangerão, assim mesmo, novas forças no seu interior. A mente não é tão importante quanto vocês pensam, e ela geralmente vem bem atrás na corrida do desenvolvimento. Ela não está muito distante da massa pesada do físico e, assim, sempre foi algo que, no processo evolutivo, age como um peso de chumbo preso aos calcanhares. Independentemente de vocês conseguirem ou não abarcar fisicamente estes fatos, eles estão ocorrendo.

Os Seres Brancos de Luz querem se apresentar e estão muito perto. Eles são uma novidade para a densa matéria física que vocês ocupam. Assim como vocês, eles também os vêem com estranheza, pois a experiência deles é diferente da de vocês e o conhecimento e os ensinamentos são diferentes nos mundos de onde vieram. Gravamos na mente de vocês a expressão "república das bananas". Vocês vão observar o seu crescimento.

Como já dissemos, as informações que vêm através desta canalizadora em particular devem ser intensificadas e projetadas, como se fossem sementes. Outros pegarão os conceitos e irão mais adiante. Isso não é função destas informações, que se limitam a lançar sementes de iluminação e pensamentos conceituais superiores, para que vocês possam ler objetivamente estas palavras. Mas elas também são projeções de pensamentos conceituais superiores, para o que conseguem alojá-los. Essa é a diferença entre a aritmética comum e a alta matemática, pensem nisso. Semear na mente consciente permite que, através do subconsciente, o superconsciente acelere, desenvolva e transforme essas sementes em pensamentos e possibilidades superiores. É isso o que lhes oferecemos hoje.

Vocês querem informação sobre os centros, sobre a ação interior da energia e sobre o movimento das rodas desses pontos. Não podemos dizer-lhes exatamente o que vai ocorrer, pois a mudança nas estruturas do DNA produzirá dentro do corpo diferentes pontos de energia que mudarão à medida que se fazem os ajustes. O eixo, o ponto central da energia que têm hoje, pode não ser o mesmo dentro de poucas semanas, de poucos meses. Basicamente, esses pontos do corpo ainda existem. Eles são como estações. São pontos de entrada, mas, como se fossem estações sem trens que passem por elas, a energia fica estagnada. Mesmo assim, ficam à disposição da energia, caso seja necessário. É claro que isso tem muita relação com o indivíduo. Em geral, as energias inferiores, os centros de freqüência inferior, estão se transformando em estações sem trens. Isso é algo que vocês compreenderão. De repente, pode surgir uma força nesses centros inferiores, mas é pouco provável que isso dure. Este é um período de adaptação de freqüências, pois a nova energia está aqui, dentro do corpo. Os agentes da cura precisarão de um alto grau de confiança e de intuição elevada para saberem o que fazer e, em alguns casos, a cura não será possível. Uma espécie de cura está ocorrendo através do ritmo da freqüência, e muitas pessoas já trabalham com esse conhecimento.

O ritmo da freqüência está sendo elevado primeiro através da emanação áurica e, depois, através do corpo etérico, criando o molde para a nova estrutura interior. Isso será feito através da energia elevada dos agentes da cura, que terão a ligação com as novas forças de Luz que trabalham com suas energias, os Seres Brancos da Luz, que injetam no etérico energias sutis, as freqüências elétricas necessárias. Não é necessário que os agentes da cura saibam exatamente o que está ocorrendo. Eles o farão automaticamente, se sua freqüência estiver correta. Vocês estão certos quando falam da necessidade de confiança e de fé na própria força energética interior. Nós lhes damos palavras, mas não queremos que rotulem as coisas. Através desta comunicação, estamos fazendo o possível para derrubar idéias e estruturas preconcebidas. Não queremos criar outras. Mas precisamos falar na língua de vocês, que não é boa para transmitir idéias conceituais sem estruturas. Não queremos, por exemplo, criar uma nova estrutura de cura, pois cada pessoa precisa compreender por si mesma o que é correto, e o que é correto num dia pode não ser correto no dia seguinte, pois as próprias freqüências se adaptam e se movem. Assim, as informações transmitidas nas duas publicações anteriores foram importantes para manifestar no interior dos indivíduos a percepção da própria Luz, da própria energia. Ajudou-os também a compreender que, ao trabalhar em grupos, grandes ou pequenos, precisam reconhecer e respeitar a própria maneira de trabalhar, a própria verdade.

Se vocês pudessem ver suas células, veriam que elas estão borbulhando. Estão borbulhando como moléculas em água fervente. Elas estão se transmutando. Isso não deve amedrontá-los. O gelo se transmuta em água, que se transmuta em gás.

Mas é a mesma substância. É a mesma essência. Vocês estão se transmutando do físico para o espiritual. Isso certamente não causa medo, e se ainda houver algum medo no interior de vocês, pedimos que o erradiquem completamente.

Sabemos que vocês querem compreender direito as coisas. Neste tempo de mudanças rápidas, vocês precisam compreender que, se trabalharem com a Luz interior, não poderão errar. Isso vocês devem saber, pois nesse conhecimento todas as dúvidas diminuem e se dissolvem.

Esta informação que transmitimos agora será publicada ainda este ano, pois no final deste ano, o ano de 1992 de vocês e início de 1993, vocês não terão mais dúvidas quanto à enormidade do movimento. Em geral, não gostamos de precisar datas, mas podemos dizer que, no fim deste ano, uma mudança importante já terá ocorrido. Vocês ficarão surpresos ao ver que alguns seres continuarão a ignorar essas coisas.

* * *

A ressurreição de que fala a Igreja é o movimento na direção do espírito, como vocês o definem. Mas a diferença é que, neste caso, a transformação abrange o corpo físico além do espiritual. Assim, abandona o corpo físico, deixando que ele morra para prosseguir para o espiritual. Isso está acontecendo das duas maneiras — uma transformação. É uma ressurreição, mas que não abandona o corpo físico.

Muitos seres de Luz trabalharam para essa transmutação sem nem sequer conhecer os resultados finais. Na verdade, não há um fim, como vocês bem sabem. Cada ser de Luz, cada ser mestre, ajudou na medida do possível a acomodar a ampliação dos conceitos espirituais, a ampliação do espírito interior, a ampliação da consciência, trazendo energia através do corpo e ampliando a partir do interior do corpo, de todas as maneiras. No passado, algumas dessas maneiras eram muito estruturadas, mas isso precisa mudar. Grupos e ensinamentos passados, agora abandonados, precisarão se modificar. É tudo um único movimento gigante — uma dança de energia que muda e flui na Luz cósmica.

Muito trabalho foi realizado pelas almas para estabelecer uma ligação com o centro da Terra. No centro da Terra há enormes energias em erupção. Na linguagem de vocês, são energias vulcânicas. Elas são poder, são força, e permanecerão. Elas, é claro, estão se modificando também nesta mudança, mas se deslocam no próprio corpo circular. Essa força de energia pode ser captada, não necessariamente por meio do chakra da base, mas através do centro da Terra. Vocês podem usar essa imagem de bola vulcânica, uma freqüência vibratória no centro da Terra, para entrar em contato com essa bola que vai, em certo sentido, estabilizar a energia da Terra no seu interior. Não é muito exato falar em "aterramento". Podemos falar de fixar a energia da Terra dentro do corpo, o que é diferente. Isso pode ser feito, não através de determinado chakra, apesar de haver essa possibilidade. O chakra da fronte e o chakra da coroa podem ser ligados a essa energia do centro, pois a força vulcânica é semelhante à força vulcânica existente no interior do chakra da fronte. Sempre houve uma espécie de magnetismo entre eles. Precisamos tomar cuidado para não passar a vocês maneiras de trabalhar e estruturas prontas. Vocês devem confiar no próprio julgamento, mas seria mais fácil falar em termos de ancorar e não de "aterrar". O efeito é semelhante.

Pensem no centro, na bola de força vibrante, amarela, vermelha, no interior do globo terrestre. Apesar de essa bola estar se movendo, a energia permanecerá igual.

Na verdade, chegará o ponto em que os chakras não vibrarão mais. Nós os descrevemos como estações sem trens. Pois haverá o momento em que, com a falta de movimento nessas estações, elas se tornarão "estações-fantasma", inoperantes. A vegetação crescerá em torno delas, as folhas e as flores cobrirão o que lá estava. Isso vem acontecendo gradualmente. É claro que estamos falando do decorrer de um período e, no momento, não há possibilidade de os seus centros se transformarem naquilo que descrevemos como estações-fantasma; mas com o tempo certamente se transformarão. Os inferiores serão os primeiros a desaparecer, como já descrevemos. Haverá pontos de entrada na parte exterior do corpo, no corpo etérico — uma denominação aproximada, pois não é como vocês imaginam. Vocês poderão absorver energia através de pontos de entrada que surgirão em locais equivalentes aos de antes. Mas não queremos que reacendam velhas idéias, apesar de algumas delas se fundirem aos novos conceitos. Isso é difícil para vocês. Os que trabalham nesta área saberão o que fazer, e mesmo os que não souberem conscientemente o que fazer estarão fazendo o que é certo. Não falamos das mudanças que ocorrem no interior da aura porque imaginamos que já sabem que a emanação áurica muda à medida que as energias interiores se modificam. Haverá entradas nos chakras para ajudar a transformação das energias. Sejam livres em suas idéias. Pedimos que não recriem estruturas de abordagem, pois descobrirão que essas estruturas não durarão.

Talvez vocês sintam que a informação que recebem é contraditória. Quando a informação desce à mente física, geralmente é distorcida. Vocês sabem, por exemplo, que aquilo que sonham e a lembrança que têm dos sonhos não foi na verdade sonhado nem vivenciado? Pensem nisso, e começarão a perceber como o distúrbio da mente humana e os estados pelos quais se transmite a informação a distorcem; mas vocês descobrirão que cada informação contraditória traz em si uma semente, um ponto de realidade. Falamos, da perspectiva de vocês, dos diferentes modos de percepção, e assim é com a mente e com o modo pelo qual a mente causa a deturpação; mas, do lado positivo, vocês têm a capacidade de enxergar num estado muito mais claro. Vocês precisam receber a informação que chega a vocês. É preciso que ela possa fluir sobre vocês. Vocês precisam perceber a semente desta informação e prestar atenção a ela. Levem isso ao coração e prossigam.

A comunicação com a Fraternidade Branca, uma vez estabelecida, não pode ser desfeita facilmente. É como se tivessem um transmissor apontado para o lugar certo e, tendo-o encontrado, podem voltar a ele sempre que precisarem. Assim, não há possibilidade de isso desaparecer. Os seres da Fraternidade Branca estão com vocês agora, especialmente durante essa transição, e vocês podem se juntar a eles. Eles são amistosos seres de Luz.

Para vocês, a enormidade da luz das estrelas será de uma beleza radiante. Ao longo da história, vocês já adoraram o sol, que é uma estrela pequena na escala cósmica. Agora vocês poderão usufruir a irradiação da Luz de outros locais estelares. Aproveitem essa Luz. Vivenciem-na. Não importa onde ela se encaixa no mapa cósmico. Vocês podem dar-lhe um nome. Vocês precisam dar-lhe um nome. Isso cabe a vocês.

• 7 •

Carruagem de Luz

Nós somos como vocês — ou tudo ou nada. O homem já começou a perceber a necessidade de acabar com o desejo de ter uma personalidade na sua ligação com os planos espirituais ou superiores. A necessidade dos nomes está se dissipando. Não é necessário ter um nome, tampouco uma personalidade ou imagem. Vocês falam que o homem foi feito à imagem de Deus. É verdade. Tudo é uno. Às vezes, vocês descrevem as energias com suas palavras e usam nomes; mas o nome deve ser apenas uma palavra que identifique a energia com que estão trabalhando. Não fiquem tentados a palmilhar novamente o caminho da personalidade. Nós lhes dizemos para julgar, não pela necessidade de personalidade, mas pela ressonância da verdade interior.

A energia de vocês está se modificando tanto pessoalmente quanto globalmente. No momento, essa energia é como um mar com ondas que atingem novos pontos, novas partes, cobrindo outras terras. Não fiquem alarmados com nada que encontrarem.

Infelizmente, alguns de vocês depararão com um tipo de loucura, tanto no reino animal quanto no humano. Parte dessa loucura será temporária — trata-se da adaptação de energias; mas parte será permanente. Ela tem a aparência de uma tristeza profunda; contudo, é um fluxo de energia que pode não gerar dor para a pessoa. Em geral, as pessoas que já trabalharam com elas mesmas não passarão por isso; mas, mesmo assim, é desagradável presenciar esse efeito secundário das forças de energia.

Vocês têm um ponto-chave na parte de trás da cabeça, um ponto-chave de energia e sensibilidade. Se quiserem, podem chamá-lo de "olho", pois ele vê e percebe. Trata-se do buraco da agulha através do qual vocês terão de passar para encontrar os campos cósmicos da Luz.

A luz das estrelas está se aproximando da Terra. Neste período, a Terra está muito aberta. É como uma pele nova se formando, muito delicada. É como se a Terra estivesse tão sensível quanto uma esponja, depois de ser revolvida para um novo plantio. Ela está porosa, às vezes retendo forças energéticas. A Terra já está nesse estado há quase dois anos, segundo o modo pelo qual vocês contam o tempo. Ela está sendo cavoucada e revolvida para um novo plantio. Através do corpo de energia, o fluxo energético afeta todo o sistema, especialmente o sistema nervoso e os canais do corpo que transportam o sangue. As ondas de energia que se formam criam leves bloqueios nesses canais do corpo, mas eles desaparecerão. Assim, vocês sofrerão vários distúrbios, mas todos terão a mesma causa e o corpo se ajustará.

Falamos um pouco sobre moldes, sobre o corpo etérico, que também está sendo alterado. Os Anjos de Luz trabalham no corpo etérico já há algum tempo. Aqui, Anjo é um termo, uma palavra, uma descrição. Não são como os Anjos dos planos astrais que vocês conhecem. Eles vêm de outros lugares, lugares que já passaram pelo tipo de movimento e de mudança que vocês estão atravessando. Esses seres angélicos curam, corrigem e fortalecem o corpo etérico pelo lado de fora. Assim, purificado até certo ponto, a pessoa poderá respirar na clareza do corpo etérico, espelhando a perfeita Luz. Alguns de vocês perceberam em parte o que está acontecendo; mas só em parte, pois trata-se de uma sensação tão distante do campo físico de energia de vocês que muitos nem a notam. Quando chegam a senti-la, é porque ela já atravessou todos os níveis e chegou ao físico, o que é também motivo para distúrbios. Para que ocorra a mudança e a transformação, o molde etérico precisa ser purificado e alterado. Para vocês, é como se cirurgiões ou escultores angélicos moldassem a nova força.

Como trabalharam corretamente com vocês mesmos, sondando o próprio interior, purificando-se, desenvolvendo-se, sintonizando-se espiritualmente, vocês podem abarcar a nova força que desce pelo corpo etérico. Isso só é possível com certo grau de lucidez interior. Se o corpo etérico fosse inspirado por alguém pouco lúcido ou pouco limpo, isso criaria uma comoção que poderia levar à morte. Mas os seres etéricos sabem o que fazem. Falamos da necessidade de deixar de lado o psicológico e da sondagem que acontece nessas áreas. Porque se vocês — com o ser purificado através do corpo etérico — recriarem, por qualquer motivo, essas necessidades psicológicas, estarão desfazendo tudo o que foi feito por vocês mesmos e por esses seres de Luz. Vocês teriam, literalmente, desperdiçado o tempo deles! É claro que não queremos abrir mão da liberdade de escolha. Pois vocês sempre a terão. Mas pedimos que não criem as doenças e distúrbios do passado. O planeta de vocês já atravessou o umbral. Está funcionando em novo campo de energia. Não pode e não vai se acomodar agora às velhas forças e, se tentarem recriá-las, vocês estarão em grandes dificuldades, podendo até mesmo, em circunstâncias extremas, provocar morte imediata.

Vocês sabem que, em sua evolução, seus corpos mudaram. Sabem que o homem andava com quatro pernas e que agora usa só duas. Vocês sabem que os cavalos tinham dedos e membros diferentes. Vocês sabem de tudo isso; mas é difícil perceber o ritmo da evolução nestes tempos, pois a transformação está acontecendo muito depressa.

Falaríamos de tempo, pois há muito a dizer. Mas o grau de conhecimento que podemos transmitir depende da atual compreensão do homem, e nem mesmo os mais brilhantes seriam capazes de abarcar todo o conceito de tempo. Alguns de vocês dizem, corretamente, que o tempo não tem lugar — não há tempo para falar do tempo. É verdade. Assim, vocês querem saber por que precisam trabalhar no interior do tempo; mas essa é a sua zona temporal, na sua bolha no cosmos. A Terra é um planeta intermediário; está entre a energia positiva e a negativa. Todo o seu sistema, a maioria das estrelas que vocês vêem no céu, fazem parte desse intervalo entre os Universos positivo e negativo. Essa faixa, entre o positivo e o negativo, está se rompendo à medida que vocês passam lentamente da faixa do positivo para a faixa do negativo. Na verdade, esse movimento vem ocorrendo há milhares de anos. "Como é embaixo, assim é em cima", dizem vocês. O que vocês fizeram, como seres humanos, foi a dança do cosmos na forma humana. À medida que todo o sistema de vocês se move, ele sai da faixa do meio e entra no lado negativo do cosmos. Assim, repetimos, há diversas razões para a enormidade das mudanças que ocorrem.

Todo o cosmos se move — não há uma condição estática. Em termos simplistas, há uma mudança de movimento na parte material e positiva do cosmos. A parte negativa parece a vocês o outro lado da moeda. A vocês parece uma bola, mas vocês nem podem imaginar a grandeza do cosmos do qual são parte.

Os planetas e as estrelas não são sempre iguais. Muitos de vocês gostariam de voltar, mas vocês não podem voltar, queridos filhos da Luz, a um planeta que não existe mais como o conheceram. Os planetas mudam e se movem. As energias se alteram. Vocês estão vivendo tempos extraordinários.

Como o planeta de vocês está nesse espaço intermediário há algum tempo, ele já se ajustou sem se destruir. Esse planeta é muito adaptável e sobreviverá à mudança. Em termos simples, o tempo é uma faixa que retém as forças, um cinturão, um lugar intermediário. É correto dizer que vocês estão saindo do tempo. Graças à experiência do planeta Terra, graças aos campos de energia que existem no seu interior, seu planeta é preservado com cuidado por energias além das suas, pois elas reconhecem o valor do seu globo, que pode ser um planeta de cura, um "local de férias" para o cosmos. Mas não percam o senso de proporção e o senso de humor, que os diferencia dos morosos seres vivos de níveis evolutivos inferiores. Esse humor é a melhor energia do plexo solar que podem levar com vocês. Falamos de perda de energia e de transformação de energia, mas vocês guardarão o que as velhas energias têm de melhor, expandindo para o que há de melhor nas novas.

Vocês estão preocupados com a atmosfera. Estão preocupados com a camada de ozônio, pois sem ela a Terra ficaria nua e vulnerável. Não se preocupem. Tudo faz parte do movimento e, em certo sentido, do plano. Isso permite a entrada de novas energias. Isso possibilita a liberdade.

Parece estranho pensar que a Terra em massa perceberá que precisa de proteção e começará a se amar, à medida que se modifica. Tudo o que fizerem para ajudar o planeta não deterá as mudanças de que falamos, pois não há relação entre uma coisa e outra. As mudanças são apenas um espelho; elas ajudam a acomodar as novas forças, mas não são necessárias. Elas são, se preferirem, um efeito colateral. Parece muito negativo dizer que, neste ponto, tudo o que fizerem não alterará muito a situação. Mas é importante que a humanidade perceba que este planeta, esta Terra, é uma entidade. Ela existe e precisa de consideração. Vocês trataram a Terra de uma maneira que a maioria não trataria um cachorro. Se considerarem a Terra como um ser com todos os seus direitos, vocês terão consideração por ela. Vocês não devem agredi-la. Vocês precisam cuidar dela. Isso é bom, porque mesmo que algumas almas não encarnem mais neste planeta, devido à transformação, as almas que encarnarem em esferas igualmente kármicas por natureza levarão a eles o conhecimento de trabalhar com a Terra, com o chão. Nada se desperdiça; nenhum conhecimento, nem grande, nem pequeno. Nenhuma experiência é destituída de propósito no longo processo da evolução.

Muitos de vocês sabem o que é aquilo que descrevem como Atlântida, aquele ponto-chave na história da Terra. Muitos falam da Atlântida como de um lugar idílico, de conhecimento, um lugar de muita educação, onde eram usadas as energias que agora vocês começam mais uma vez a usar; mas não lhes ocorreu que a Atlântida afundou? Não lhes ocorreu que eles não eram perfeitos, que também tinham que passar pela evolução? Muitos dos que agora estão encarnados têm a lembrança e a experiência do que estava errado. De certo modo, a era de Atlântida tem mais relação com a luta entre o bem e o mal do que a era atual, pois, na verdade, essa mudança não tem relação com o bem e o mal, pois essa guerra já foi travada e vencida. Pode parecer insensibilidade ou falta de realismo falar em processo automático de mudança, mas assim é. Esse movimento está acontecendo e não pode ser detido; contudo, para o bem e a alegria de vocês, alguns de vocês ansiaram pelas estrelas em seu coração e em sua alma, e deram-se o trabalho de evoluir e de se desenvolver como seres espirituais. Se não fosse isso, este planeta teria feito sua jornada sem humanidade; mas, pelo seu próprio mérito, queridos filhos da Luz, vocês avançaram o suficiente para que alguns se transformem junto com o planeta. E repetimos que mesmo os que não se transformarem não serão desperdiçados. Eles também aprenderão e crescerão na própria experiência.

Nós percebemos a preocupação de vocês com comida, e nas próximas semanas falaremos muito de certos alimentos e do que é feito com eles. É irônico que, num nível, vocês se tornem mais sensíveis ao que ingerem e que, em outro, se tornem capazes de ingerir quase tudo. Dizemos simplesmente para que comam o que tiverem vontade. Alguns passaram por um processo de purificação alimentar, que vocês chamam de desintoxicação. Isso é bom, mas não se tornem fanáticos a respeito da alimentação. Lembrem-se de que o que realmente querem comer é o mais adequado para o corpo. Os que chegaram a um nível elevado de consciência poderão, literalmente, comer de tudo. Pensem nisso! O alimento, até os nutrientes básicos, funcionam como o magnetismo, através das mesmas influências. Vocês não comerão nada que não devam comer. Vocês só atraem o que precisam. Nesse caso, a necessidade é a força de atração da energia.

Por outro lado, os alimentos estão passando pelo próprio processo de transmutação. A vida vegetal e a vida animal também estão se modificando e, é claro, isso tem um efeito que faz parte do processo. Haverá coisas que as pessoas comem há milhares de anos e que não conseguirão mais comer. Muito se falará sobre a mudança no paladar. A alteração do paladar está ligada à transformação dos alimentos.

Alguns de vocês se fecham à consciência superior; mas ela é uma consciência universal. Confiem nela. Experimentem-na. Ponham-na a prova. Vocês verão. Perceberão. Terão acesso à enorme biblioteca de conhecimento do todo. Isso não é o que vocês definem como inconsciente coletivo — é consciência Universal. Nestas transcrições, tentamos não nos envolver com detalhes. Lembrem-se, queridos filhos da Luz, de que vocês são entidades livres. Agora, mais do que nunca, vocês têm nas mãos as rédeas do destino. Subam nessa carruagem de Luz e voem.

• 8 •

Comunhão da Fraternidade Branca

Vocês estão entrando agora no ponto mais difícil da libertação. É como um limbo. De certa forma, felizes os que se atêm às tarefas mundanas, pois nem percebem o que está acontecendo. Para os que têm conhecimento da prometida aceleração da Luz, este também não é um momento difícil; mas para os que oscilam à beira da libertação, são tempos realmente difíceis.

É claro que há muitos que não conseguem se mover e, na realidade, sua energia vai se dissipar aos poucos, como uma folha arrancada da árvore. O elevado estado de freqüência de sua atmosfera está gerando distúrbios. Esses distúrbios fazem parte da purificação, uma idéia que os agentes de cura e os mestres devem incutir nas pessoas com quem trabalham. O remédio é desagradável, mas é bom.

A energia do planeta Terra está em desequilíbrio, lutando contra si mesma. Sua força magnética repele e ao mesmo tempo atrai. Está flutuando. Será revelado que existem dificuldades. Os cientistas procurarão em cima e embaixo a resposta para isso, pois há, literalmente, um distúrbio magnético. Essa atração está ocorrendo. A consciência insiste na mudança, enquanto a Terra tenta resistir, assim como o corpo de vocês está resistindo. O que está ocorrendo agora é uma função do corpo, uma reação do corpo. Os distúrbios emocionais que vocês presenciam são, na verdade, mudanças no corpo. A energia desceu até o físico. Assim, é nesse nível que estão os distúrbios. Isso significará muitas coisas para muitas pessoas. Os que são sensíveis e vão fazer a mudança reagirão de uma maneira. Os que não farão a mudança podem nem reagir, pois a força de sua energia está desassociada do tronco central. Não é fácil enxergar essa realidade em termos lógicos e científicos, pois haverá muitas reações diferentes.

A informação que nós lhes transmitimos agora é surpreendente, mas não deve causar-lhes reação. Na verdade, os que lêem estas palavras se elevaram bem além da energia do medo. Não existe remédio para isso, além de se ser intuitivo a esse respeito. Nos níveis mais sutis, há seres ajudando a acomodar a nova freqüência no etérico, assim como outras freqüências mais sutis, de forma que esse novo campo etérico chova sobre a Terra, aquietando e acalmando.

Há muitos seres de Luz acima e abaixo trabalhando constantemente para ajudar nessa mudança. Há também seres humanos trabalhando, embora nem saibam disso. As almas do céu e da Terra estão trabalhando em uníssono, às vezes sem saber com o que trabalham.

São portadores da Luz os que trabalham, consciente ou inconscientemente, com o campo de Luz, abrindo caminho pelo túnel de escuridão, sem saber aonde irão parar, se irão imergir nos planos da Terra ou do céu. Isso é individual. Há um momento, um ponto, em que o fluxo magnético levará todas as almas para os locais a que estão destinadas.

Haverá muitos sobreviventes físicos, mas haverá almas

que poderão seguir, por um motivo ou outro, para diferentes planos da existência. Esses planos de existência podem ser novos sistemas estelares. Podem estar fundidos à consciência superior de Luz. Há uma série de possibilidades, mas podem estar certos de que cada alma encontrará o seu lugar. Vocês sempre trabalharam lado a lado com a quarta dimensão. Elevaram-se através da própria experiência, da própria vontade de prosseguir, da persistência para chegar à Luz. Essa persistência permitiu que vocês escalassem a montanha, apesar de às vezes ficarem cansados e desgastados. Se alguns não tivessem chegado a esse nível de consciência, não haveria sobreviventes, pois a energia a que o planeta de vocês ficará sujeito é tão rarefeita em termos de existência física que isso não seria possível não fosse o trabalho já realizado. Nós lhes dizemos que cada consciência que faz essa viagem, cada alma que chega ao ponto de se fundir com a consciência superior cria mais força, mais vibrações para elevar a humanidade à Luz e mantê-la ali. Não há tempo para pontificar, para filosofar sobre o que será — para os "ses" e os "porquês". Trata-se de absoluta realidade. Será um movimento, uma mudança além de qualquer mudança conhecida neste planeta.

Não há como compreender completamente as coisas com palavras. A realidade está além das palavras. Como o amor, é uma freqüência de energia que apenas existe. Forma uma coisa só com a Luz universal e não tem realidade numa palavra nem num modo verbal; mas vocês já atingiram o ponto de compreender com a alma, com o coração, o coração maior, o amor maior. Esse ponto de compreensão é aquilo a que poderiam chamar de confiança. Confiança, para vocês, é uma palavra emotiva que, por sua vez, evoca uma fé cega. Pois não é nada disso. Confiança é saber, absorção, comunhão com a consciência da Luz.

Falamos da comunhão da Luz e falamos da comunhão de seres de Luz. Em todo o globo terrestre não há uma pessoa capaz de ver ou de perceber todos eles. Até os níveis inferiores da corrente *deva* estão sendo chamados para ajudar nesse movimento. Cada plano, cada força viva está trabalhando através disso. Aos seres de Luz se juntam outros seres de Luz de outros lugares. Vocês não estão sozinhos. Há seres de Luz que vêm por curiosidade, por alguma ligação com o passado de vocês ou só porque há uma passagem aberta. Eles se ligam e se comunicam com os seus seres de Luz. A passagem para outros globos e para a consciência de outros globos está agora verdadeiramente aberta. Não é mais uma fantasia nem um vago conceito mental. É uma realidade e, devido à necessidade da humanidade neste momento, esses seres de Luz e a comunhão da Fraternidade Branca estão lado a lado para ajudar. Quando falamos de ajuda não estamos nos referindo a um grupo de seres sussurrando através de um véu. Trata-se de um processo automático; uma percepção proveitosa do avanço que podem fazer na comunhão com todas as energias do globo terrestre.

O próprio coração da Terra está sendo cortado. Está se movendo. De certa forma, é como uma cirurgia. Ele alcançou seu ponto de força no interior do campo de energia no qual vocês têm trabalhado por milhares de anos. Em certo sentido, o coração do globo terrestre chegou à sua conclusão, ao seu fim; mas isso não é definitivo, pois, através das muitas energias que agem acima e abaixo da Terra, há uma operação para fazer o coração desse globo continuar a viver, adaptando-se a um fluxo diferente.

Vocês acham difícil entender que esse pequeno globo seja, de certa forma, uma força de liderança no Universo e que outros globos o sigam. Não pensem em vocês agora. Não pensem em seus planos materiais. Transportem-se para o cosmos. O processo é um só e, aconteça o que acontecer no plano físico, haverá sempre uma força que move, clareia, expande e acelera. Uma força que não pode ter fim.

Queridos amigos da Luz, vocês já estão trabalhando com os seres de Luz e eles com você. Trata-se de um trabalho em uníssono, mesmo antes de vocês terem consciência disso. Algumas das energias não têm consciência daquilo com que trabalham, de quem recebem ajuda. É claro que isso não importa, pois a força da comunhão continua ali. Vocês só precisam se abrir aos seres de Luz. Deixem espaço disponível para que eles possam ajudá-los. Eles já estão aqui, estão nesta sala, estão em todos os lugares, ajudando sempre que podem. Não existem exercícios para isso. Não existem notas de afinação além da nota de afinação pela qual vocês já trabalharam: a nota de afinação da alma de vocês. Quando isso acontecer, haverá a percepção consciente de que outros seres estão por perto. Mas eles ainda estão ali, quer vocês o percebam, quer não.

As mudanças estão afetando muito o corpo. Para alterar o DNA, a estrutura celular no interior do corpo, certo trabalho num nível vibratório elevado já foi levado a cabo. Para que o corpo humano se adapte à nova força — e novamente falamos em sentido figurado — vieram cirurgiões com experiência na alteração da estrutura celular. Como dissemos, isso foi feito por meio do corpo etérico, descendo através do físico, e é por isso que ocorrem perturbações. O molde etérico tornou possível a atual modificação física das células no interior do corpo.

Essa alteração das células é essencial para que o corpo os acompanhe neste tempo de mudança.

São poucos os bebês que nascem com o novo DNA. Alguns bebês estão vindo com uma freqüência muito baixa, pois precisam passar pela última experiência kármica. Alguns bebês, por poucos que sejam, já estão dotados de nova energia. À medida que se aproxima a mudança total, cada vez mais bebês nascerão assim. A população aumentará. Haverá, em muitas mulheres, a necessidade de conceber, para que possa haver a última experiência kármica. Haverá algumas rupturas bruscas com essa existência física, o que poderia ser inquietante se não fosse pelo fato de a maioria já ter superado a época em que a morte física era má. Essas mortes não são más e não devem causar medo. Infelizmente, algumas crenças ortodoxas e fundamentalistas as verão como obra do diabo. Como estão erradas e como é perigoso seu poder de sugerir às pessoas que se atenham ao resto da escuridão astral que está tão próxima do plano da Terra! Quando esse remanescente da escuridão astral envolve e retém um ser, ele implode. É por isso que sempre falamos com firmeza para não dar margem ao medo.

Vocês devem se lembrar de que cada pessoa, por mais jovem que seja, tem responsabilidade individual. Mesmo que se trate de um bebê de poucos dias, vocês estarão lidando com a responsabilidade individual da alma.

Não há um processo estabelecido de cura. Há um ritmo de freqüência. Quem está nesse ritmo de freqüência é capaz de ajudar. Vocês estão. Tenham ou não consciência disso, com ou sem elixires, essa ajuda acontece. Se querem dar substâncias às pessoas para conseguir um efeito psicológico, que seja. Mas isso não é mais eficaz do que apenas ser e dar de boa vontade.

Os cientistas logo terão a prova. E não será apenas o caso de uma criança, mas de muitas crianças, e não somente de crianças, mas também de adultos. No começo, quando tiverem a informação, eles pensarão que antes tinham menos conhecimento. Assim, não perceberão imediatamente a relevância dos dados; mas, à medida que mais células forem se movendo e se modificando, eles precisarão encarar a realidade de que a estrutura celular está se modificando. Um só caso não forma o quadro — haverá muitos.

Como as células estão se movendo, as células do corpo estão sendo ativadas. Isso cria uma freqüência que emite um som. Assim, alguns ficam felizes só por emitir esse som, só por entrar em sintonia com um som.

Isso é maravilhoso para vocês. É alegre, pois podem tocar sons interiores e exteriores e seqüências vibratórias. Mas o som em si não produziria reação nenhuma se fosse feito para alguém que está morto para isso. Em alguns casos, ele pode elevar a energia e ajudar o indivíduo harmonizando a freqüência; mas não existe um instrumento, um som, um remédio, uma experiência que baste para formar todo este quadro. É necessário você. É necessária a sua energia. É a energia de compaixão que existe entre vocês e a consciência superior que está criando o sentimento, que está criando a força que conduz, que está criando a tocha que os guia.

Terminamos hoje dizendo, mais um vez, que este é um tempo de alegria. Falando de som, podem tocar seus sinos em júbilo pela ocorrência, pela realidade presente. Ao tocar os sinos, vocês elevam o coração e a alma à espera do novo mundo e, queridos filhos da Luz, vocês não ficarão desapontados.

· 9 ·

O Homem Mágico

O homem está chegando ao próprio poder. Está se tornando forte, adaptável e livre. Ele está assumindo a posição de um Rei ou de uma Rainha. Está assumindo a própria soberania. Isso tem enorme potencial e enorme repercussão, inclusive nesse mesmo nível.

Nós os observamos à medida que crescem. Observamos sua aceleração. Observamos seu espírito. É um processo de se iluminar, pois, à medida que o homem revela e dissolve as muitas camadas, os muitos véus, o espírito interior fica cada vez mais brilhante, chegando a um ponto em que esse brilho, essa energia, fica como uma varinha de condão. Vocês ainda não perceberam que se trata exatamente de uma varinha de condão, que pode fazer mágicas para vocês. Nós tocamos num ponto muito importante: o homem precisa tomar cuidado com seus pensamentos pois, junto com o poder — que agora é realidade —, ele se tornou invencível e pode criar a própria realidade.

Já mencionamos que agora é tempo de o homem realizar seus sonhos espelhando-se nos sonhos da vida perfeita, da Terra perfeita. Na atmosfera que prevalece no momento ele pode chegar a isso. Ele pode fazer isso acontecer. Neste momento, há algumas poucas consciências superiores encarnadas que trabalham no sentido de incentivar os sonhos do homem, as possibilidades do homem.

O globo terrestre está se transformando numa página completamente em branco. Isso significa que, como Adão e Eva, vocês são os primeiros da nova raça, e o que fizerem lançará as bases para os próximos mil anos. Assim, o homem deve sonhar. Deve criar o próprio campo de energia através desses sonhos. Quando falamos de sonhos, nós não nos referimos, é claro, aos sonhos que se tem dormindo, mas à inspiração, ao desejo do bem. Essa energia, esse desejar o bem, está sendo acumulada pela consciência superior e colocada numa cesta, reunida para criar a força da energia, para criar o novo mundo que vocês sabem que virá. Há épocas na história dos planetas em que isso ocorre. O homem tem as rédeas completamente soltas, como se estivesse na linha de partida. É claro que nesse início ele precisa saber lidar com certos implementos, com certas possibilidades, que não são as mesmas de mil anos atrás, quando vocês entraram em outra de suas novas fases.

É no interior da mente, do coração e da consciência do homem que se passa a história de Noé. O relato da grande migração de criaturas está, nestes tempos, bem perto da mente consciente de vocês porque, apesar de não podermos afirmar com certeza o que vai acontecer, podemos dizer que algumas poucas consciências superiores criarão o novo mundo, trarão com elas o melhor do passado, levando-o para o futuro. Estamos nos referindo às melhores idéias, aos melhores pensamentos, às melhores habilidades, ao melhor que há no homem, aos sonhos do homem que quer fazer o bem, que quer tornar-se perfeito, que quer tornar-se poderoso na Luz — é isso o que entrará no novo mundo.

Precisamos ser bem específicos ao falar em novo mundo, pois alguns leitores podem imaginar que essas palavras e frases são o que não são. Quando falamos em novo mundo não estamos falando de um novo globo físico. Não estamos falando de uma nova terra. Estamos falando do mesmo globo, na mesma terra, da Terra. Estamos falando de uma nova freqüência, de uma nova experiência, de um novo lugar, pois a Terra será limpa, será transformada num bom lugar para que comecem de novo; mas vocês não começarão de novo. Vocês evoluíram, não estão mais partindo do homem das cavernas; estão partindo do homem, do homem nos primeiros estágios de sua espiritualidade e da união da espiritualidade com o físico. É nesse ponto que vocês se encontram. E este é um bom ponto inicial para o novo mundo.

Dizemos novamente que é muito favorável e benéfico a vocês o fato de terem escolhido dar tantas e tantas voltas, voltar tantas e tantas vezes para experimentar, crescer, trazer a cada encarnação mais um pedaço do quebra-cabeça, mais uma freqüência de energia. Em alguns casos, uma longa vida tediosa possibilitou apenas um pequeno vislumbre, só um pouquinho de esperança; mas esse pouquinho de esperança levou-os a uma nova vida, e vocês se expandiram e cresceram muito. Renovados, estão diante do umbral da união espiritual com a Luz.

Há certa confusão em torno do fato de vocês poderem, através do que fizeram, alterar o que virá. Em certo nível, o homem percorreu muitos anos e passou por muitas experiências até chegar onde está agora. Mas há um grande vento cósmico a transformar o planeta. A mãe-Terra se transformaria, independentemente do que fizeram. Então, é o desenvolvimento de vocês e o desenvolvimento da Terra e o desenvolvimento cósmico que estão em questão nesta mudança e neste ponto em movimento. À medida que o homem vai assumindo seu poder, seus pensamentos e seus sonhos vão se tornando realidade. Neste ponto, repetimos mais uma vez, os problemas de personalidade devem ser totalmente alijados. Eles não têm valor.

Neste ponto de seu desenvolvimento, o homem, olhando para o outro lado, pensa consigo mesmo: "Tudo está muito bem, mas onde está a graça? Qual a graça de viver em unidade?" Parte da graça, percebe o homem neste ponto, estava na luta. Como será se não houver mais luta? Como poderá ele crescer se não houver luta? Só o que podemos afirmar é que vocês crescerão e que esse crescimento não vai-se estagnar quando entrarem na Luz. Na verdade, o ritmo do desenvolvimento estará além de qualquer coisa que vocês possam projetar agora, pois as possibilidades são imensas.

Na música, vocês têm uma escala com certo número de notas. É como se vocês tivessem ultrapassado e superado a combinação dessas notas. Pois nós dizemos que vocês têm acesso a novas notas. Assim, a combinação das novas notas com as velhas cria imensas possibilidades. Agora vocês percebem que o homem não se estagnará. Isso não pode acontecer. Nada fica estagnado. Se ficar, voltará para a Terra. Para a vida, a estagnação não é possível, pois o próprio fato da vida é o desenvolvimento. Ela se move sempre, sempre para a frente.

A consciência do homem está se expandindo. Quando estas palavras forem publicadas, já haverá nos meios de comunicação e na comunidade científica rumores subterrâneos do conhecimento que permeia e penetra a consciência.

Muito trabalho foi realizado nos planos superiores para alimentar em todos os níveis a mente consciente do homem com essa nova esfera de atividade. Vocês começarão a perceber a penetração desse desenvolvimento perto do final deste ano. É lamentável o fato de que, bem no momento em que o mundo de vocês começa a se mover e, de certo modo, a se alterar completamente, o homem comece a se dar conta do que é a Terra onde tem vivido. No final desse estágio, o mais importante a que finalmente o homem chegou, ele terá total consciência do que foi conquistado e do que aconteceu.

Muito se escreveu sobre o Dia do Juízo Final, mas muito também foi encoberto ou mal-interpretado. Mas nós lhes dizemos que haverá um tempo, num futuro muito próximo, em que, por parte do homem, ocorrerá uma compreensão instantânea daquilo que ele vem vivenciando, não só os homens vivos mas também os espíritos, as almas dos homens que esperam pelo dia do julgamento. Eles serão despertados e iluminados. Iluminados, eles prosseguirão para a nova estrutura, para a nova existência mundial e para a nova ordem mundial com a qual vocês sonham.

Há muitas organizações e, ligadas a elas, há muitos guias e mestres que incutem em vocês, nestes tempos, as possibilidades do homem. As palavras usadas são: a nova ordem mundial, o novo mundo, o novo desenvolvimento. Todos esses grupos estão preparados, não por terem poder em si mesmos, mas por causa dos sonhos e da inspiração que as pessoas recebem no interior das organizações a que pertencem.

Até mesmo no pesado mundo da matéria e na altamente corrompida atmosfera do mundo político, haverá consciência da nova ordem mundial e dos sonhos que os líderes deverão abranger. Nestes tempos, só pessoas muito especiais podem ser líderes, pois há um duro caminho pela frente para quem assumir uma posição de comando, que não é uma posição fácil e que pode ser muito difícil. Mas essas pessoas estão nessa posição porque é o certo e, no geral, elas reconhecem o próprio destino.

Falamos do fruto da humanidade, da alegria e do amor que têm sido concedidos por meio do homem, por ele ter aceito conscientemente o amor, por ter aceito conscientemente o fato de que vale a pena lutar. Muito poucas almas abandonam a luta. No total deste importante período do homem, só um punhado de almas abandonou a luta. Considerando o que significou a luta, isso é realmente um feito, uma conquista pela qual não esperávamos. Assim, agora estamos lado a lado com vocês, apreciando a jornada que vocês estão empreendendo e o fato de essa luta em particular estar chegando ao fim.

Agora, felizmente, o homem começou a compreender verdadeiramente que a morte física não tem uma função a desempenhar. A morte física é apenas um ponto da viagem, uma encruzilhada na jornada de toda a existência da matéria espiritual. É também a compreensão da energia que leva o homem para a frente. Vocês estão sobre as nuvens contemplando uma nova realidade, e as possibilidades à frente de vocês são muito amplas. Vocês estão começando a ver e a enxergar possibilidades que vão além dos sonhos mais loucos que vocês poderiam ter.

Neste momento em que falamos a vocês, o homem em massa está perdendo verdadeiramente o medo. Vocês passarão por mais alguns anos de luta que, em alguns casos, servirão para dissolver os focos de negatividade em todo o mundo. Repetimos: atentem para esses focos de dificuldade no globo terrestre e saibam com certeza que este é o fim desse tipo de luta, que este é o fim desse tipo de mal, que este é o fim desse tipo de negatividade. Isso é transformar-se, finalmente, em Luz.

É essencial que os que vão prosseguir para o novo mundo tenham seus sonhos e seus pensamentos em boa ordem. Trabalhem seus pensamentos. Vocês estão se unindo agora à mente de Deus, e ela é infinitamente poderosa. Vocês criam os pensamentos, e por isso é importante que criem simultaneamente os melhores sonhos no homem.

Há muitas pequenas facetas da informação que poderíamos partilhar com vocês; mas algumas delas desviariam vocês do propósito principal destas palavras, que é a inspiração, a semeadura de novos pensamentos, de um novo crescimento.

Diante de todas estas informações, surgirão muitas questões da parte de muitas pessoas; contudo, essas questões serão respondidas. Ler estas palavras pode criar, no interior da mente, grandes possibilidades.

A canalizadora, através da qual nós lhes falamos agora, vive numa ilha na costa do continente europeu. Essa ilha tem sido uma terra positiva e orgulhosa. Mas é uma terra onde as energias estão "implodindo". Ela lança na atmosfera uma energia que está começando a agir como uma estrela guia. A energia dessa terra está avançando, criando na atmosfera uma energia guia positiva e, à medida que a energia avança, o estado físico arrefece.

Dentro de pouco tempo, haverá mudanças de estrutura no interior da Terra. Seria um erro acreditar que uma mudança num lugar específico signifique, de alguma forma, que esse lugar é um local de escuridão. Em alguns casos — e essa terra de que falamos é um deles — é exatamente o contrário. Vocês não devem confundir mudança com escuridão: são coisas diferentes. A morte não é escuridão. A morte física é a transformação para um estado maior, para um movimento maior. Quando um bebê está no útero, ninguém espera que ele fique no útero para sempre. Ele terá de mudar de estado. Ele, que respira através da mãe, terá de mudar e passar a respirar por conta própria. Vocês compreendem essa mudança, esse nascimento, esse desenvolvimento. Pois a morte física é igual, um fato que vocês finalmente precisam compreender. É nascimento. É crescimento. Quando finalmente compreender isso, o homem terá rompido com o mal, com a escuridão e, naturalmente, com o próprio medo.

O homem tem um desafio à sua frente. Apesar de já ter sido ganha a luta entre o bem e o mal na atmosfera do globo terrestre, o homem precisa passar pelo processo de purificação e ser forte, assumir seu poder e conhecer sua força. Esse é o desafio dos anos que virão.

Não há possibilidade de haver fracasso, mas há claramente um desafio. Se não o enfrentarem, a energia de vocês sobreviverá de qualquer forma. Mas não é melhor transpor o limiar do que ter de dar mais uma volta na roda kármica? Cada alma que aceita o poder, a força e o movimento ajuda as outras através da positividade da própria força.

Falamos um pouco sobre o que está acontecendo com as almas no campo astral neste momento de mudança. Nós revelamos a vocês que a dimensão astral desaparecerá de seu mundo. E seus entes queridos, suas almas, muitas das quais ainda estão nesse lugar astral? Nós lhes dizemos que algumas prosseguirão, ou encarnarão numa Terra jovem que está a muitos anos-Luz, medidos de acordo com os critérios que vocês medem as distâncias. A energia nunca é desperdiçada, nem pode ser desperdiçada. Nos planos astrais da existência, o movimento é tão positivo, tão real e tão importante quanto o movimento da consciência no plano físico.

Está sendo realizado um trabalho para que as pessoas deixem de lado o medo, para que estas informações possam penetrar ainda mais a consciência. Podemos falar categoricamente de um movimento, de uma migração de almas nesta época. Para alguns, essa migração é também física, mas nem para todas as almas é assim.

Está ocorrendo uma enorme purificação. Isso significa que cada alma será atraída para o local correto. Já mencionamos o fato, e o repetimos agora, que está havendo uma grande migração de almas para uma nova terra. Essas almas não voltarão a encarnar na Terra. Irão a uma terra semelhante, muito mais pura, contudo, que a Terra de vocês atualmente; que tem influências kármicas semelhantes, mas não iguais. Essa migração de almas dará a essa terra em particular, a esse lugar em particular, a oportunidade de crescer, assim como há milhões de anos almas migraram para a Terra de vocês com o mesmo fim.

Alguns de vocês sabem disso. Alguns até se lembram da primeira vez que estiveram aqui. A terra será, por um curto período, instável. No sentido físico, será extremamente difícil viver no planeta de vocês. Haverá os que conseguirão transformar sua energia e ficar. Como no tempo de Noé, a migração de alguns seres será essencial para a continuação da vida no planeta.

Algumas dessas almas e pessoas que partirão fisicamente nem sequer chegarão a saber que partiram. Para elas, será como se tivessem piscado os olhos e voltado. Algumas partirão com consciência total. Vocês precisam compreender que cada pessoa é dotada de uma capacidade e que a alma funciona, em termos humanos, como o magnetismo. Ela vai para onde pode ir; ela é atraída para locais possíveis. Em alguns casos, partirá sem o corpo e, em outros, com o corpo. Ninguém precisa ficar alarmado com essa informação. Este é um processo natural, que deve ser visto como uma viagem de desenvolvimento.

Vocês sabem que das costas de seu país o homem viajou para novas terras. Atravessou até a América, desceu às terras da parte inferior do hemisfério. Lá, criou vida nova para si mesmo e para a sua família. Agora, a situação não é muito diferente; mas o homem só irá para um novo local se esse for o desejo de sua alma. Quando falamos de desejo da alma, estamos nos referindo ao magnetismo da alma. Na verdade, a palavra "desejo" pode ser descrita como uma força magnética.

Poderíamos dar-lhes mais informações sobre isso, mas, neste momento pormenores não são necessários. Basta que vocês estejam certos de que o homem encontrará o seu lugar. Ele estará onde deve estar. Ele vai crescer e se transmutar na aceitação alegre da nova ordem da Luz.

Para alguns, a meditação é essencial. Para outros, que encontraram a própria força e se tornaram unos com eles mesmos e com Deus, ela não é essencial. Para os que ainda hesitam à margem, é uma das coisas que podem ajudar a harmonizar as energias com o verdadeiro eu, com a verdadeira Luz. Alguns de vocês estão em permanente estado de meditação e às vezes nem sabem disso. O homem precisa descobrir a própria intuição e confiar na própria sabedoria interior, no próprio julgamento, que advém de um nível profundo da alma. Se não, o homem ficará para trás na viagem de transformação para a Luz.

Nós os deixamos hoje com o pensamento de que tudo está exatamente como deveria estar. Diante das dificuldades, da infelicidade e das guerras, é fácil presumir que tudo está errado. Queridos filhos da Luz, elevem-se acima desse medo e saibam que tudo está bem.

• 10 •

Sem Limites

Há uma congregação de almas, uma paz de espírito no mundo de vocês. Essa paz está agindo como uma âncora, como uma estrutura para onde outros podem ser levados, como um reservatório que se torna cada vez maior.

Fora desse reservatório de tranqüilidade há muito clamor, movimento, euforia da pior espécie. As duas coisas não parecem compatíveis, mas mesmo assim, como nuvens que atraem a água, esse reservatório de tranqüilidade está permitindo a entrada de todos os que podem alcançá-lo. É como um magnetismo gigante de Luz, e cada gotinha de energia, cada alma-Luz que entra no grande reservatório de Luz, contribui para o principal e o fortalece. Esse reservatório de quietude está ligado àquilo que chamam de consciência universal, de consciência de grupo, de consciência mundial. Assim, todas as almas desse reservatório sabem o que todas as outras estão fazendo e onde estão. Mesmo quando a mente está intranqüila e quer ver as perguntas respondidas, ela tem as respostas no interior da alma, no interior da combinação com a consciência da Terra. Essa consciência está se ligando às energias de grupo, à Fraternidade, aos mestres e guias planetários.

Já falamos disso antes, mas queremos falar um pouco mais sobre o assunto. Esses guias planetários, que há tanto tempo trabalham na esfera do planeta Terra, estão se aproximando muito. Na verdade, as almas desse reservatório são agora parte da energia. Elas não estão separadas. Há, ainda, a sensação de se comunicar com energias individuais, de tocá-las, mas na realidade elas são uma única informação, uma única canção, os guias exteriores e a alma interior tocando-se em harmonia. É esse o caminho para a frente, pois, quando vier, a expansão vai-se misturar às forças de uma energia superior. Ela se torna una com a alma de vocês, é una com Deus, e um dia será absorvida pelo todo — fará parte de tudo. É uma gigante expansão de Luz a individualidade da alma que volta à união com o todo. Isso exige um pouco de trabalho ao longo do caminho. No tempo presente, ocorre uma união em massa com os guias elevados, os raios mestres, e é por isso que vocês se chamam de mestres; é por isso que se denominam professores, pois é isso o que são.

O trabalho que muitos de vocês estão realizando agora é o trabalho que mestres e professores realizaram ao longo da história de vocês, com a diferença de que, no passado, só muito poucos tocavam esse raio, só muito poucos tocavam essa Luz. Parecia haver um enorme hiato de consciência entre professores e alunos. Agora, esse hiato é muito menor. Isso não tem relação com santos ou gurus. Tem relação com o fato de vocês assumirem a própria soberania, o poder de união, união com as forças angélicas, união com o raio mestre de Luz.

Alguns de vocês já estão lá e, mesmo assim, precisam fazer perguntas, ou pelo menos acham que precisam; mas, quando existe a possibilidade de terem as perguntas respondidas, elas perdem o significado. Não há mais perguntas a serem feitas porque, na verdade, vocês têm a resposta na alma. Nem sempre isso significa que têm a resposta num claro estado mental, apesar de poderem filtrá-las se quiserem. As questões conceituais superiores têm a dificuldade da formulação, como muitos sabem. Tornem-se unos com o raio mestre. Tornem-se unos com a irmandade planetária do homem. Assumam a própria soberania, a posição de direito, a liderança de direito e o poder de direito.

É claro que a jornada de vocês não tem fim e, do ponto em que vocês estão, começam a enxergar outras energias de Luz e a se unir a elas. À medida que a energia de vocês se expande, como uma onda no grande reservatório, vocês entram em contato com outras freqüências de energia, com outros *logos* planetários, com outras irmandades, que são milhares.

Há relativamente poucas energias a que podem se unir por causa da diferença de substância, da diferença de realidade entre as duas; mas, à medida que se movem para cima, haverá mais energias que podem tocar e a que, um dia, poderão integrar-se sintonizando-se com seus raios, sintonizando-se com sua irmandade, sendo mestres e guias nessa energia em particular.

Às vezes, há desespero nas suas dúvidas, nos seus anseios, na sua falta de confiança, de medo de que alguém possa feri-los ou afetá-los; mas nesta freqüência de energia ninguém pode feri-los. Não há certo nem errado. Há apenas verdade, com diversas perspectivas.

Há muitos de vocês trabalhando na Luz e ninguém está errado. Ainda há os que estão mergulhados no medo, e esses trabalham na esfera daquilo que vocês chamam de terapia. Deixem-nos. Deixem que eles façam o seu trabalho. Bem pouco eles podem fazer por eles. Alguns deles vão transcender e outros não. Aprisionados na espiral do medo, eles precisam trabalhar para se expandir. Precisam acelerar para sair de onde estão.

Hoje, falamos particularmente dos que sabem que podem fazer parte do crescente reservatório de Luz, da consciência superior. A vocês falamos com firmeza. Quando estão em dúvida, vocês sentem que precisam fazer algumas perguntas. Não podemos dizer-lhes para não fazê-las, mas vocês já têm a resposta no seu íntimo. Vocês são livres nesse espaço. Estão em condição de liberdade, mas alguns de vocês não acreditam nisso, continuando a achar que estão aprisionados. Vocês não podem estar aprisionados se já fizeram a transição para a Luz.

Dentro de pouco tempo, os que trabalham como professores, com grupos e em organizações, assistirão a um rápido movimento. Os grupos estão passando por uma grande mudança. Não haverá mais liderança em termos de um líder e de seguidores. Explicamos: nos grupos, alguém precisará ser o porta-voz. Este talvez não apresente freqüência mais alta do que os outros. Trata-se apenas de uma pessoa que cumpre esse papel melhor do que os outros. Assim, quando falamos em termos de líderes, não nos referimos a freqüências de energia; mas, por motivos práticos, sempre deverá haver um porta-voz.

Vocês precisam trabalhar com seus grupos para conseguir a cooperação da energia. Devem trabalhar por essa cooperação da Luz. Deixem que o grupo inteiro atue como líder e como uma energia que atrai, como uma força magnética — semelhante à que foi mencionada anteriormente — que atrai os outros. Deixem que todos entrem, que absorvam a energia e que depois sigam para onde devem ir. Agora, a situação é de vaivém. As almas vêm para se renovar, para se abastecer, para fazer parte, para conseguir forças, para conseguir a pedra interior. Assim, elas se movem, entram e saem, aumentando o reservatório de energia. Isso está ocorrendo na forma de rodas dentro de rodas porque, na verdade, a consciência está unida. Quando for necessário, essas consciências terão completa união de informação e chegará um tempo em que receberão, simultaneamente, a mesma mensagem para partir, para ir aonde devem ir, para assumir o seu trabalho.

Todas essas consciências têm um papel a desempenhar, como a peça de um jogo, ajudando a humanidade a avançar. Esse papel pode, na realidade, durar alguns poucos minutos, uma hora ou duas, um momento em particular, o tempo necessário, e esse tempo está chegando. Uma multidão de almas, uma multidão de corpos que envolvem a alma, vai se deslocar, vai se unir à consciência maior da Luz, expandindo todo o planeta em uníssono e em crescimento.

Observem e ouçam as árvores. As árvores mais velhas e até mesmo algumas das mais jovens têm um grande estoque de conhecimentos em sua consciência de grupo. Há uma consciência superior nas árvores. Observem os galhos mais altos. Neles há uma freqüência que desce do céu, como relâmpagos de Luz, e essas árvores são como o Pai-Tempo. Elas têm a informação que vocês precisam sobre o planeta. Muitas energias de árvores implodirão dentro da Terra, para nascer outra vez em outro tempo, numa nova Luz. Isso está sendo feito de boa vontade por essas árvores, pela vida vegetal, e as energias que sempre trabalharam nas plantas e nas árvores estão conscientes do movimento, ajudando as plantas à medida que sua energia implode.

Suas energias líderes estão fazendo o mesmo trabalho com os que ainda têm medo, com aqueles cuja energia está implodindo e voltando para a Terra, para que tornem a nascer numa Luz diferente, num modo diferente, num tempo diferente. Vocês precisam incutir em cada alma a convicção de que a alma em si é atemporal. Assim, não há por que temer a mudança física, pois esta é apenas um degrau no progresso evolutivo de todo o sistema planetário. Esse progresso evolutivo move-se sempre para a frente, sem nunca parar. Não há por que temer a mudança das estruturas, a mudança e o movimento do ser humano.

Chegará o momento em que o magnetismo de cada alma encontrará seu lugar neste gigantesco salto da humanidade e no gigantesco salto evolutivo do cosmos.

Cada pequeno grupo de energias, cada pequena congregação de almas protegerá, ajudará e diminuirá o fardo dos outros. Mesmo os que agora reclamam, mesmo os que estão alarmados com o que está acontecendo, mesmo os que gritam de medo não terão medo. Será, meramente, uma reação a estímulos exteriores. A alma está sendo sintonizada com a aceitação do que deve ser. O medo que restar será elevado aos planos astrais e purificado por seres astrais. Alguns dos que preferirem partir, que preferirem deixar de lado o corpo físico, levarão consigo a Luz, clareando os planos astrais em união consciente com os seres astrais de Luz, que estão ali para ajudar na total purificação do medo. Esse trabalho já está sendo feito. Começou há muito tempo. Só que agora ele está se acelerando e muitos estão conscientes dele. Repetimos que não é coincidência o fato de haver agora tantas almas que já trabalharam com essas energias do astral e com os seres do raio dourado, que vieram a este planeta há muitas vidas. Não há coincidência nessa união. Mesmo se a mente consciente não estiver completamente lúcida, a mente das almas saberá o que fazer quando chegar o momento.

As seqüências vibratórias estão mudando. Já falamos dos perigos daquilo a que chamam de poluição sonora. A audição, a percepção do som e a vibração do som estão se alterando. O som está sendo usado de maneira eficaz como elemento de cura. Mas esta não é a única resposta, pois sempre temos que nos remeter à verdade real. Ela está no ser, na energia, na vontade que vocês têm de participar dessa energia, de expandir e conceder a Luz que ajuda e move os outros. Há coisas que vocês usam para ajudar e para curar, e o som é uma delas. Ele é apenas um instrumento, uma maneira, e certamente não é a única. Ele age com tanta eficácia porque dá à mente a oportunidade de se manter calma, e é a partir dessa tranqüilidade da mente que a alma pode realizar melhor seu trabalho.

Há — se conseguirem perceber isso — uma união feliz de corpos de Luz, e a alma de vocês faz parte dessa união. A alma está ligada aos seres de Luz; não estão separados.

Por favor, deixem de lado a idéia de separação. A pessoa que faz esta canalização permite que estas palavras sejam transmitidas graças à sua decisão consciente de se unir às freqüências superiores que passam por ela, as quais, neste ponto, são ela mesma, a sua ligação superior. Não é correto falar dessa comunhão de informação como algo exterior e separado. Isso é você, faz parte de você. É uma cooperação de Luz, uma união, um estar junto, uma totalidade de Luz, que é possível para todos vocês.

Por favor, deixem de lado o grande mal-entendido da crença de que só os seres perfeitos são unidos na Luz. Vocês todos são seres perfeitos de acordo com a possibilidade de cada um. Vocês são parte da Luz, contanto que ergam o véu do medo e da dúvida.

Quando conseguirem a informação, não revelem de onde veio, de quem veio, nem do que é. Saibam do que se trata. Trata-se de uma união de força e de Luz. Saibam que esta é uma combinação de vocês com Deus.

Quando transmitimos a informação, nós fazemos isso como pequenas gotas de diamantes, como facetas de diferentes trechos de informação. Essas facetas são polidas pela comunicação de vocês. Elas são acentuadas pelas palavras, mas as palavras nada são a menos que vocês a conectem com a própria união interior de Luz. Todos os que são trabalhadores da Luz não precisam se preocupar com uma determinada data, com uma determinada época, com o local para onde devem ir e com o que devem fazer. Quando chegar o momento, vocês saberão instantaneamente. Vocês terão uma comunicação gigante. Vocês só precisam manter a Luz brilhando sem barreiras, sem medo.

As freqüências de som estão se alterando. Vocês têm sua estrutura, suas cordas, suas escalas em seus instrumentos musicais. Vocês falam de uma nota em conexão com uma energia, e assim é. Vocês podem unir a freqüência sintonizando-se àquela nota. Há notas além da audição, e a freqüência de uma nota pode criar a freqüência de outra. Tentamos simplificar isso para vocês porque é parte da harmonia da energia — os indivíduos se harmonizam através do som e da nota que harmonizam, para criar este som harmônico, esta freqüência harmônica. Quando isso ocorre, a energia do corpo se harmoniza instantaneamente e estabelece uma ligação com as energias superiores fora do corpo; mas isso não pode ser permanente, e só gera esse sentimento por pouco tempo. No entanto, como o alinhamento, o conhecimento e o sentimento da harmonia estão ali, ele deixa que a pessoa conheça e sinta a possibilidade do alinhamento. Sentindo e sempre vendo o brilho da Luz, há uma possibilidade real de que a pessoa nunca se furte ao seu brilho.

O som, como dissemos, clareia a mente e funciona melhor para alguns do que para outros. Não há tanta necessidade de sons e de notas diferentes para cada parte do corpo. O que se precisa é ter a nota harmônica do indivíduo como um todo. Essa nota permite que se consiga uma cura de grau superior. Em alguns casos, conforme a diferença da freqüência, isso gera curas imediatas, Luz imediata, e as energias da pessoa mudam drasticamente. Assim, quem lida com essas freqüências deve ser muito cuidadoso, pois se a pessoa estiver desequilibrada, colocá-la em contato e sintonizá-la com sua nota harmônica de cura pode ter o efeito contrário e perturbar sua energia. Quando se atrai depressa demais a energia sem harmonia, ela "salta", e esse solavanco pode causar certo distúrbio.

Assim, não são todos os que podem curar por meio do som. Essa cura funciona mais com os que já avançaram um pouco no caminho do reconhecimento espiritual. É claro que, quando falamos de cura, não estamos especificando o físico, o mental, o emocional. O som age muito bem no físico. Pode também ajudar o emocional. Pode ajudar o mental, provocando uma quebra no distúrbio da mente, mas não pode curar completamente o corpo mental. Ele pode curar o físico, pois o som das freqüências se harmoniza com o corpo etérico, muito ligado ao físico. As ondas de som do planeta de vocês nem sempre são compatíveis com as ondas mentais de som. É claro que todas essas coisas são individuais, e o praticante deve ser muito intuitivo e inspirado. Certamente não é um trabalho para todos, e não é um trabalho em que se pode mergulhar de pronto.

Repetimos: essas coisas são uma maneira, uma possibilidade que pode ser usada como trampolim. Não são, em si mesmas, a resposta. A resposta está sempre no reconhecimento individual da Luz, e a aceitação e a confiança na qualidade de ser do espírito.

O álcool e substâncias assim agem sobre o corpo de várias maneiras, dependendo do corpo e da pessoa, mas não agem sobre o corpo de que falamos. Há um ponto do desenvolvimento em que o indivíduo fica tão sensível às energias que ele não pode ingerir essas substâncias. Então, a consciência superior se instala. Se quiser, ele pode voltar a essas substâncias. Mas a essa altura, é raro que o faça. Não é tanto uma experiência nociva, mas uma experiência sem valor.

Já falamos sobre álcool e drogas quando falávamos sobre a ligação com forças astrais. Em alguns casos, ao trabalhar com elas, a pessoa sentirá certa sensibilidade alarmante que não tem um efeito nocivo, mas um efeito desagradável.

Já falamos um pouco sobre alimentos e sobre a ingestão de todas as substâncias. Isso é único para cada indivíduo. Chega um ponto na progressão de cada indivíduo em que ele se torna sensível a essas coisas. É nesse ponto que a alma decide que a pessoa precisa comer alimentos frescos e nutritivos. Geralmente, alimentos pesados como a carne são deixados de lado. É nesse ponto que a sensibilidade é tamanha que o álcool e as drogas passam a ser um problema. Devido a este momento decisivo para o homem, devido ao fato de tantas almas estarem se elevando à consciência, vocês vêem tantas almas nesse estado de sensibilidade; mas também dissemos que chegará o tempo em que o homem poderá comer e beber de tudo, incluindo alimentos sujos e infestados de bactérias, pois o corpo estará forte e resistente. Isso ocorre, é claro, num estado elevado, e a maioria das pessoas ainda não chegou a esse ponto. Há muitas almas cuidando da dieta, e isso é bom. Elas são sensíveis aos alimentos, às bebidas e às drogas. Isso não será mais assim se houver um avanço no que diz respeito à consciência. Quando a consciência do corpo físico entrar em sintonia com a consciência do corpo espiritual, então a pessoa poderá comer e beber qualquer coisa.

Quando falamos de problemas com bebidas e drogas, tínhamos consciência de que existem muitas almas nesse estágio de sensibilidade. Em todo caso, é melhor que a pessoa julgue por si mesma para decidir o que precisa ou o que quer e, no caso de ingerir qualquer substância, ela deve estar sintonizada com o que precisa. Isso ela não aprende em livros e não pode aprender com outra pessoa; ela precisa ter intuição para perceber.

No entanto, quando a pessoa se encontra nesse grau de sensibilidade, beber e tomar drogas pode ser uma cilada para seu desenvolvimento e crescimento, e pode ficar sujeita a uma qualidade negativa. Mas vocês entenderão por si mesmos, verão por si mesmos. Os rins do homem estão se modificando. Aquilo que flui através dos órgãos e a sua maneira de fluir está se alterando. O coração está se alterando. O fígado está trabalhando demais, e há algumas doenças que ocorrem em função disso. Isso tudo está certo. Trata-se da adaptação do homem à sua freqüência. Pedimos outra vez que compreendam que o que está ocorrendo é raro e incomum, pois a energia espiritual está entrando em sintonia com o físico.

Há dois tipos de energia. Essa é a polaridade que vai se tornar una. São freqüências e energias que, até agora, por essa transição rara nessa união, são extremamente raras. Agora o homem está passando por essa transição tanto com o espiritual quanto com o físico — o alinhamento das polaridades. Não podemos dizer o que isso significa. Não podemos dizer para onde isso vai levar o homem. Só temos um tipo de projeção. O homem tem o destino em suas mãos, principalmente agora, que entra em seu estado de soberania de ser, de unidade.

* * *

O corpo mental está muito perturbado, num estágio de doença mental. Os motivos para essa doença mental são longos e inúmeros. Basicamente, o igual atrai o igual, e a mente está muito ligada à alma. Às vezes, uma alma que encarna teve um distúrbio anteriormente e o traz de volta. Isso é diferente de uma energia astral emocional. Estamos falando especificamente do nível mental e da mente. O magnetismo é tal, que muitas vezes é difícil chegar a essas pessoas, e se você tentar penetrar na mente ou na lógica, certamente estará desperdiçando o seu fôlego. Se conseguir fazer descer as forças elevadas das claras forças mentais por meio do corpo mental e trabalhar nessa esfera através das energias-guia dos planos mentais, vocês poderão aliviar esse distúrbio à volta do cérebro e da mente por algum tempo, possibilitando o relaxamento e permitindo que o magnetismo seja liberado. Nesses casos, o som ajuda, mas seja prudente ao usá-lo e escolha cuidadosamente sua freqüência. Lembre-se sempre de que a escolha do magnetismo deve ter a permissão da pessoa, pois às vezes a pessoa quer aquele magnetismo mas tem medo de soltá-lo. O corpo mental, o estado mental, sempre foi uma dificuldade para o homem. Mas agora, à medida que avança para os estados inferiores dos corpos físico e emocional, o homem começa a compreender as freqüências e as possibilidades dos planos mentais.

Os planos mentais, como os astrais, têm energias que agem com eles e, se quiser fazer este trabalho, você precisa estabelecer uma união com esses seres. Falamos de seres, mas não se trata de seres do mesmo tipo dos guias astrais espirituais. Eles são mais aquilo que vocês chamam de raio, de energia. Estabeleça a sua ligação com esse raio, com essa energia, e as energias do tipo da salamandra os ajudarão no trabalho. Vocês precisam se perguntar — e aqui falamos com muito cuidado — por que essas almas estão muito ligadas ao seu distúrbio mental. Vocês precisam sempre se perguntar se realmente é possível ajudar algumas pessoas. Precisamos dizer-lhes que, às vezes, isso não é possível. Mas se forem bastante intuitivos para saber que podem fazer alguma coisa por aquela alma, vocês devem fazê-lo. Se chamarem os raios mentais, vocês podem estimular — mesmo em grandes grupos de pessoas — a consciência superior; os mestres têm feito isso há anos. Vocês podem enviar esse raio em massa, o que não só curará os doentes mentais, mas também sintonizará a freqüência do corpo mental com os outros corpos.

Vocês precisam entender, almas queridas, que vocês têm o controle. Vocês podem e devem confiar nas suas conexões, mas façam a conexão com os planos mentais se quiserem realizar esse trabalho. Criem essa estabilidade. Vocês estão no controle. A energia age através de vocês, através do desejo, da sua vontade e do poder de vocês. Compreendam isso e percebam a importância dessa advertência.

Pensem nas estrelas que brilham no céu. Pensem nas miríades de padrões. Pensem na enormidade do cosmos. Pensem nos muitos anos-Luz, na enormidade do cosmos físico. Depois, percebam as energias do cosmos e as outras possibilidades de energias invisíveis que são tantas quantas as que podem ver. Olhe para a mente, a inspiração, a enormidade das possibilidades que vocês têm. Entendam que não existem limites para vocês, queridos filhos da Luz, e que nunca haverá limitações além das que vocês mesmos criam.

• 11 •

A Canção da Verdade

É importante para vocês, agora, absorver as freqüências que estão à sua volta, que estão à sua disposição. Vocês precisam ajustar o nível de sua freqüência por meio dessa absorção. Basta que estejam conscientes dessa faixa de energia que agora está na posição certa, elevando a consciência, os níveis de intuição e de orientação. Na verdade, é esse mesmo nível de energia que está possibilitando esta nossa transmissão de hoje. Basta que vocês tenham consciência dela. Inspirem-na pelo topo da cabeça — o Raio Dourado de Luz. Absorver energias da verdadeira consciência superior é como inspirar oxigênio rarefeito, que estimula a mente, o corpo e, naturalmente, a alma.

A luta acabou, queridos filhos da Luz. Não pode e não vai mais haver luta. O que será, será. Sigam o fluxo da corrente. Este não é um estado de desistência, não é um estado de desespero. É um estado de totalidade, o fim da viagem, do trabalho bem-feito. E o trabalho foi bem-feito no planeta de vocês. Alguns de vocês só enxergam desastres, dificuldades e medo, na própria vida e na dos outros. Essas dificuldades existem para o benefício, o poder e o desenvolvimento de vocês. Elas também tiveram um aspecto de iluminação para o mundo, para o cosmos e para o Universo. De certa forma, agora há pouca coisa que podemos lhes dar, pois vocês atingiram um ponto de totalidade. Os que não estão elevados na energia e que, num nível consciente, recusam esta informação irão para um local diferente, para um tempo diferente, para um estado diferente daqueles para onde vão os que se movem de acordo com a fluidez do movimento da Luz.

Falamos de uma separação dos caminhos; na verdade, essa separação está começando agora. Durante um curto período, que termina ainda este ano, aqueles que estão parados à beira do caminho poderão saltar. É por isso que essa informação é urgente. Ela não é, naturalmente, a única. E esta informação que transmitimos hoje já vem permeando a consciência há um ano. Ela foi transmitida, de uma forma ou de outra. Não se trata de uma única voz, mas da voz da alma universal, que canta a canção da verdade. Se vocês não saltarem agora, não aproveitarão, desta vez, o potencial da união da vibração da força de Luz da quinta dimensão. Mas as rodas sempre giram, sempre se movem para a frente. Não pode haver estagnação.

Nos próximos meses, vocês perceberão a frustração e a contrariedade daqueles que se mantêm em estruturas rígidas. Essas estruturas rígidas se aplicam particularmente às escolas políticas e científicas, e haverá uma espécie de guerra no interior da ciência. O caminho dos que confiam na própria intuição sem precisar de comprovação alguma além de teorias, crenças e conhecimento interior, separar-se-á do caminho dos que dizem que vocês estão errados, que estão iludidos, que são tolos. Para os homens e mulheres da ciência e das estruturas religiosas não é fácil ir aonde não conseguem enxergar, e seguir apenas com a intuição, só com o que sabem interiormente. Será um enorme passo da fé, que não será cega. Na verdade, quem não der esse passo será ainda mais cego, colocará sobre os ombros a capa de escuridão e continuará sua vida dentro das estruturas estabelecidas da rigidez, sem nenhum progresso. No interior das escolas religiosas e políticas, todas as estruturas, todos os sistemas de crenças e todas as fórmulas científicas serão questionados pela fé e pela verdade, pela verdade intuitiva interior.

À medida que os caminhos se separarem, a intuição elevada chegará ao lugar que lhe é devido, pois precisa se sobrepor, agora, à mente lógica consciente. Isso não quer dizer que a mente consciente vá desaparecer. A intuição é a energia elevada que precisa, se preferirem, fundir-se com a mente consciente: quando isso acontecer, o ser intuitivo vai se tornar uno com a realidade da ligação com a Luz.

Grande parte da luta de vocês ocorreu por causa da separação entre a mente consciente, a chamada realidade, e a mente superior, que vocês chamam de forças intuitivas e invisíveis. Elas agora se fundem e os que já absorveram essa fusão vão se perguntar por que a mente consciente não funciona mais como antes. Eles vão se perguntar por que estão tão desatentos. Eles podem reagir de várias maneiras, ou não reagir. Sua percepção consciente se alterou muito nessa mudança. No início, terão vontade de desistir, pois será como se estivessem fora de sincronia, fora da verdadeira realidade. Mas, queridos filhos da Luz, confiem no conhecimento intuitivo, no conhecimento intuitivo elevado que é parte dos instintos conceituais da alma. Confiem nisso e vocês perceberão que a realidade de vocês se altera à medida que a sua concepção se completa. Com essa mudança de percepção, o mundo vai mudar automaticamente.

Queremos agora falar de desejo. Quem dá esse salto para a consciência precisa, finalmente, reconhecer que o desejo é parte dessa realidade. Muitos aprenderam que o desejo está errado, que devem evitar aquilo que desejam. Vocês aprenderam que é errado desejar, que é errado querer. Se sentiram desejo no passado, revelaram o que realmente queriam por causa dessa atitude. O desejo sempre foi parte da jornada. Agora o desejo se completa com sua Luz uníssona. Por isso, saibam que seus desejos estão totalmente sintonizados com o que é certo, porque, como dissemos antes, vocês não podem estar errados se estiverem em harmonia com a Luz.

Confiem no próprio desejo. Confiem nele e saibam que ele os levará pelo caminho da verdade absoluta e da realidade suprema. É claro que quando falamos em "suprema" não nos referimos a um ponto final. Repetimos que não existe um fim. Nunca houve um começo. Houve um começo dos mundos físicos, mas não da força de Luz da alma. É difícil para vocês compreender que a força de Luz que existe em vocês, aquilo a que chamam alma, existe há um tempo imortal e vai existir para sempre. A alma não pode ser destruída. O próprio tempo foi criado a partir da necessidade da experiência física. O tempo não existe na realidade da Luz.

Muitos começaram a perceber que o conhecimento, a consciência, a verdade e a força da Luz são interiores. Assim, ao pegarem um caminho ou outro, vocês saltam, por assim dizer, para outra roda, para outro estado, para outra percepção. Vocês chegam àquilo que descrevem como dimensão da Luz. E prosseguirão na jornada e na experiência dessa roda. Ela é grande, ela vai girar como sua roda kármica girou, até chegar ao seu ponto de totalidade. Então, vocês transmutarão muitas vezes, ainda com o corpo físico, até que chegue o momento de totalidade dos mundos físicos, quando vocês se fundirão a uma realidade completamente diferente, da qual nem dá para falar porque está além da compreensão e do conhecimento de vocês. Ao fazer essa ligação com a Luz, vocês se afastam da luta e das dificuldades kármicas que se constituíram em experiências tão ricas. É principalmente por causa disso que esse passo é importante.

Sempre lhes dizemos para ouvir. De todas as coisas que dissemos, essa é a mais importante e a mais urgente. Vocês precisam ouvir aquele som da alma, prestar atenção, escutar, confiar nessa qualidade intuitiva superior, confiar nos seus desejos, pois eles se completam com essa energia. Se negarem o que ouvem em seu íntimo, estarão negando a própria jornada para a Luz, que é para todos o desejo supremo. Esse é o desejo mais verdadeiro, a força mais alta, a mais alta vontade e ligação do ser humano. O desejo de fazer o bem sempre foi muito forte em vocês, e esse desejo, essa sintonia com o bem, levou-os a muitos lugares com riqueza de experiências. Como foram tolos os que, no passado, lhes disseram que seus desejos eram maus, pois a riqueza desse desejo para o bem ressoa com tanta força que sempre acabaria levando-os automaticamente para onde fosse preciso.

Esse desejo para o bem ainda está em vocês, em todos vocês; nos que saltam para a dimensão da Luz e nos que não saltam. O desejo para o bem é a força predominante em todos vocês e, por causa disso, o mal nunca teve nenhuma chance de ganhar. Houve épocas em que o mal se entranhou em tudo e as forças obscuras chegaram muito perto da Terra. Houve tempos de grande escuridão, de grande desespero, de grande luta;

talvez o pior tenha sido o que vocês vivenciaram, alguns nesta mesma vida, no período de opressão e de conflito racial da Segunda Guerra Mundial. Mas, mesmo nesse período obscuro da história, assim como em todos os outros períodos obscuros, a inclinação para o bem sempre esteve presente, sempre foi forte, até mesmo nos buracos escuros das prisões e nos estados de opressão. Até no próprio torturador existe o bem.

Quando alguém reconhece a vontade para o bem como parte de sua força e de sua esperança, ela se expande e o mal diminui. Finalmente, o desejo e a vontade para o bem se combinam. É a ressurreição para a Luz. A ressurreição do mal para o bem.

Ora, depois deste ano, vocês verdadeiramente verão essa separação dos caminhos. Verão o desenvolvimento da energia em meio à massa que não se move. Verão essa energia como uma folha arrancada de uma árvore. Mas não temam por essas almas, pois elas têm a proteção de forças superiores, e nos planos astrais superiores há seres de Luz, seres angélicos, que optaram por ajudá-los durante a jornada e no desenvolvimento da alma. Não temam por eles, pois estarão seguros. Eles prosseguirão e se desenvolverão. É como se a moeda virasse e a parte da moeda que fica para cima estivesse no interior daqueles entre vocês que empunham a tocha da Luz. Vocês serão os portadores da tocha, serão os líderes, serão a força para o próprio planeta. Pois, quando isso ocorrer, antes da metade do ano que vem, haverá para esses seres de Luz uma profunda ligação com a consciência da Terra. Vocês ajudarão automaticamente a mãe-Terra, como costumam chamá-la, na sua transição, na mudança de consciência. Na verdade, isso será parte do trabalho para o futuro: realizar essa união consciente e estar, finalmente, em verdadeira sintonia com a qualidade da Terra.

Empunhando a tocha da energia vocês ajudarão a Terra a mudar sua polaridade sem medo. A Terra tem consciência disso e, à sua maneira, está preocupada, pois sua força magnética se expande e se contrai. A agulha dessa atração magnética está flutuando. Vocês, queridos filhos da Luz, terão finalmente essa maravilhosa união com a Terra. Houve momentos em que vocês estiveram ligados à Terra. Algumas culturas, algumas qualidades, têm mais consciência disso, mas vocês nunca participaram da consciência da Terra. Logo isso será possível e os que absorverem totalmente essa consciência poderão, no futuro, ser um planeta, ser um novo globo do futuro. Pensem nisso! Haverá aqueles que, por sua força de Luz, por sua consciência uníssona, criarão um novo mundo para novos seres num tempo novo.

Há uma abertura no cosmos para esse novo crescimento. Logo, novos planetas nascerão, e a consciência que vocês criarem ajudará. Eles serão como o Velho Pai Tempo. Estarão ali pela eternidade daquele determinado planeta, o que pode durar muitos bilhões de anos. Assim, quando pensarem em viver para sempre, pensem na força de Luz do planeta que vive não apenas alguns anos, não apenas uma década, mas bilhões de anos. Pensem nisso!

Seus pensamentos, seus desejos, inclusive a inclinação para o bem, são tão importantes agora porque, por meio desses desejos, por meio desses sonhos, novos mundos serão criados, e o planeta no qual vocês existem poderá se transformar no que é o seu verdadeiro destino — o planeta de Luz.

Procuramos sempre pintar quadros, fazer analogias. Mas agora só podemos dizer que as pessoas reconhecem a mudança, querem-na, desejam o bem, mas ainda estão presas aos medos da própria personalidade. Mas a oportunidade está aí. Há uma oportunidade na vida para experimentar uma coisa ou outra. No esquema superior das coisas, tudo cria o próprio caminho. Cada energia é atraída ao lugar que lhe é devido. O medo acabará totalmente nos seres do planeta de vocês. Neste ponto, os que não realizarem essa união consciente perderão o medo, mas alguns deverão passar de uma experiência equivalente à kármica. Assim, a vida continuará como está e, quando morrerem, e isso se dará de várias maneiras, eles não voltarão ao planeta Terra, mas irão para um entre os muitos planetas que estão a serviço de vocês. Há muitas oportunidades para os que não derem esse salto. As oportunidades estarão numa espécie de plano espiritual. Não é como o plano astral, mas é semelhante. Há a oportunidade de ajudar outros planetas que estão surgindo no padrão evolutivo que segue a mesma direção do seu. Na verdade, os que vêem a Luz e têm consciência dela, mas que não dão esse salto, serão úteis em outras esferas, pois, fazendo agora essa ligação, eles podem ajudar os que estão em outro tempo, em outro lugar, levando-os para a sua totalidade. Nas escalas do tempo, eles talvez precisem esperar milhares de anos por outra tarefa, por outra encarnação. Mas o tempo não é nada e eles nada sentirão no que diz respeito à existência da alma.

Falamos a vocês com muito cuidado quando dizemos que existem algumas pessoas que estão com a sua energia tão baixa que esta entrará na Terra e eles não reencarnarão como almas individuais. Eles integrarão uma massa que ajudará a Terra na sua energia e na sua harmonização. Haverá os que não poderão reencarnar numa consciência individual. De qualquer modo, eles não têm consciência disso que estamos falando.

O medo sempre foi o maior inimigo de vocês, mas mesmo assim os ajudou, pois por meio do medo vocês avançaram muito. O próprio fato de terem superado o medo, mesmo quando ele era intenso, melhorou as pessoas além de sua compreensão. Assim, não vejam no medo um demônio. Na verdade, nós lhes pedimos para encarar o medo como algo que desperta. Com essa consciência, poderão livrar-se do poder que ele exerce sobre vocês.

Transmitimos a vocês a imagem da estrela da Luz. Peguem-na. E repetimos a todos: absorvam a Luz e absorvam a energia, pois ela está aí para vocês.

• 12 •

A Aventura Cósmica

A força em uníssono dos seres de Luz envolve-os para unificar e solidificar tudo o que transmitimos a vocês. Este trabalho não chegou ao fim. Nós prosseguimos e nos desenvolvemos mas, com essa aparência, com esse formato, ele vai fazer uma pausa, pelo menos por enquanto.

Tentamos incutir em todos vocês a noção de que as mudanças que estão ocorrendo não são más, não são destrutivas. Elas iluminam, relacionadas que são à força, à alegria, ao reconhecimento das forças e poderes espirituais. Foi esse o nosso principal objetivo com a pessoa que está fazendo esta canalização: acabar de maneira definitiva e irrevogável com o medo, com a tensão e com a vontade de resistir ao desenvolvimento quando todos vocês precisam se desenvolver. Foi isso que tentamos fazer, e já obtivemos um pouquinho de sucesso.

Quando falamos em morte, alguns imaginam imediatamente algo terrível. Agora precisamos falar da morte, mas avisamos que falaremos da morte como ela é: um alegre renascimento do espírito.

Haverá muitas mortes súbitas, individualmente e em massa. Não temam, não há necessidade de ficarem alarmados. Isso é parte do processo. Agarrem-se ao que vocês sabem. Há altos e baixos à sua frente. É preciso ter força e vocês a terão, pois os que assumiram este compromisso com a Luz estarão firmes como rocha. Isso não quer dizer que nunca mais ocorrerão distúrbios no corpo físico; mas esses distúrbios se revelarão normais e não afetarão a força interior.

Tentamos novamente incutir em vocês — e escolhemos cuidadosamente as palavras para que vocês compreendam — a idéia de que este é um tempo maravilhoso. É o fim de uma estação. As folhas estão morrendo quando caem das árvores, mas vocês sabem que elas voltarão na primavera. O outono é muito bonito. É cheio de muitas cores. É o tempo da colheita. E assim é com as velhas energias. Estas são "colhidas" e as árvores ficam nuas por uma estação, para brotarem de novo. É nessa época, quando as árvores ficam nuas, que vocês poderiam ser perdoados por pensar que tudo está errado. Mas tudo está certo, queridos filhos da Luz. O inverno é necessário para que a primavera volte. Na verdade, mesmo quando ainda não vemos folhas nas árvores, a seiva já começou a subir. O tempo sem ação é muito pequeno. A natureza morre por um período muito curto e recomeça imediatamente o ciclo. É isso que está acontecendo. Vocês encerraram um ciclo. Vocês subirão na espiral para um lugar onde nunca estiveram.

No início, explicamos a vocês que essa mudança está ocorrendo de três maneiras distintas. É, se preferirem, uma mudança de estação em três lugares: no globo terrestre, no organismo de vocês e no cosmos. Mencionamos novamente as rodas dentro de rodas. Percebam sua força e sua comunhão com a Luz. Compreendam agora que essa percepção é necessária. Senão, a energia de vocês implodirá.

Ergam o estandarte da Luz. Saibam que a consciência elevada que vocês sentem participa da consciência elevada do planeta, do sistema solar e do cosmos. É por isso que tantos sentem agora as diferentes camadas e níveis de seres de Luz. Alguns de vocês estão se comunicando com os Anjos, com os espíritos, com os espíritos da Terra, com os seres de Luz de globos de todos os lugares. Na verdade, o véu entre as camadas é muito fino.

Quando essa energia da consciência superior permeia a atmosfera como chuva dourada, ela tem um grande efeito em locais que vocês não enxergam. Os que perdem tempo com boas causas estão se enganando. As boas causas são interiores. A causa certa é a "força de Deus" dentro de vocês. Isso é algo que vocês precisam aceitar e compreender.

Finalmente, pedimos que não percam tempo em caminhos que não os levarão a lugar nenhum. É claro que quando tudo é feito com um pouco de pureza, a ressonância de Luz é sempre muito forte, é sempre produtiva. Nós pedimos para que vocês se unam mentalmente, em pensamento e no ser de vocês, à Luz que brilha sobre a Terra, à força da consciência superior. Pois, até mesmo os que não estão nessa freqüência podem se unir a ela, por meio do sentimento ou do estado mental. Assim, isso tem o efeito de atraí-los, e a outros com eles. É também como uma força magnética. O magnetismo dessa energia está ficando mais forte a cada minuto. Sua atração e sua força estão se tornando imensas. Falamos disso em termos de consciência superior, pois esta é uma palavra que vocês compreendem. Mas não é absolutamente o que parece. É algo muito mais sintonizado com a força da mente. É uma força combinada de pura consciência, de pura vontade. Aliás, no nível humano não há nada tão poderoso quanto a pura vontade, pois ela participa da força de Deus. É isso que tentamos explicar antes em termos de desejo que participa da vontade de Deus. Quando essa vontade pura está ajustada ao desejo, este sempre estará sintonizado com forças corretas e elevadas. Não percam tempo agora. Harmonizem a vontade de vocês com a vontade de Deus. Há mais possibilidade disso do que antes. O que no passado era acessível só a poucas pessoas, agora é acessível a muitas pessoas mais.

A onda dessa energia é capaz de arrastá-los. Pensem nas ondas do mar, puxando-os para o oceano de forças da Luz, pois essa consciência é como um oceano. É um enorme reservatório de energia. Ele permaneceu intato no ano passado e está ficando mais forte. De certa forma, o processo se acelerou mais do que prevíamos, mas o problema é que ele sempre depende da contra-reação de forças de energias inferiores. É por isso que as energias inferiores do corpo físico foram tão abaladas. A Luz superior ressoa e vibra com tanta força, que precisou acomodar o peso do corpo físico e o da própria Terra.

Mesmo agora vocês não compreendem a ligação que sempre tiveram com o planeta de vocês. Seus corpos têm ligação com a força que se acumula sob os seus pés. Assim, a consciência superior precisa penetrar o próprio coração da Terra, que luta nesse processo de transformação. Alguns de vocês já sentiram que tudo isso é para o bem de vocês.

À medida que curam a Terra, vocês precisam também curar o próprio corpo. Não é certo deixar de olhar para o próprio corpo físico. Na verdade, pedimos que olhem ainda mais para ele, pois o corpo físico precisa dos raios tranqüilizadores do conforto porque não têm o benefício da consciência do brilho da Luz. Mas eles brilharão e, quando isso acontecer, a pele ficará translúcida. As células se alterarão, e isso será notado fisicamente. A ciência achará que descobriu algo novo no corpo, mas não é verdade. Ela apenas descobrirá algo que sempre esteve ali, mas que está se transmutando. Assim, cuidem agora do corpo; não o abandonem na hora da necessidade.

As forças da energia mental estão se ajustando lindamente. As forças emocionais das trevas estão se afastando rapidamente. O corpo físico sofrerá uma transmutação. Não podemos esperar por futuras gerações, pois as mães das futuras crianças precisarão ter as novas freqüências, caso contrário seus filhos não sobreviverão.

Tudo precisa descer, através das várias camadas, até o denso, até o físico. Mas isso não significa que o físico deva ser negligenciado nem que seja menos importante. O corpo físico, a Terra física, são muito importantes. Não ignorem esse fato. Aproveitem o próprio corpo à medida que eles florescem numa nova vida.

Falamos do advento espiritual de tudo, das muitas camadas e níveis que precisam estar em uníssono, que precisam ser ajustados e alinhados. As pessoas mentalmente fortes mas fisicamente fracas, que não conseguem ajustar-se a essa freqüência, infelizmente, nesta volta da roda, não vão transformar-se em seres da quinta dimensão. Não se preocupem. A energia, a força vital continua. Em outras épocas, várias energias foram necessárias. É demais pedir que todos os seres físicos, todos os planetas e estrelas tenham a mesma energia. É certo que há um processo diferente de energia. É certo que existem diferentes estágios de evolução. Isso contribui para os padrões e para a onda do cosmos. Aceitem seu ser de Luz e, se não fizerem essa transição, assim mesmo continuarão a avançar e, se puderem, a ensinar e a ajudar os outros.

Já dissemos que cada época precisa de uma energia de ensinamento. Pois cada energia precisa de uma força de ensinamento para o próprio raio mestre. Ao longo de todo o trajeto evolutivo há professores. Há também alunos, e os alunos são os professores, e os professores são os alunos, e assim por diante. Não existe começo nem fim. Não existe fracasso nem sucesso. Há oportunidades. Há iluminação. Há enriquecimento em todos os degraus da escada. Tudo isso é possível estejam vocês onde estiverem, pois não haverá fracasso em nenhum lugar. Mas, lembrem-se de que há oportunidades e desenvolvimento, um novo desenvolvimento. A primavera que vem do inverno.

Ironicamente, alguns de vocês já estão além da necessidade dessa informação. Vocês não a buscam, não a querem. Aceitem essa harmonização. Concordem em ficar onde estão e em ir para onde irão. Tudo está certo.

Vocês encaravam a energia mental como fazendo parte do processo do pensamento. Isso não é verdade. As forças mentais da Luz de que falamos abrigam pensamentos, mas têm freqüência própria. Não são os pensamentos que criam a freqüência, mas os pensamentos podem ser abrigados por ela. A energia mental é refinada e é o nível mais alto em que o corpo físico pode se manifestar. Por isso, falamos de ligação com a mente de Deus, uma referência ao estado superior do homem. É claro que, quando pararem de ser homens, vocês irão além disso, depois mais e mais além. Não existe início e nem fim.

Assim, nós os trazemos de volta às rodas cósmicas, às forças que giram em todo o Universo: a cheia, a vazante, a respiração cósmica e o reconhecimento de que entre a menor das sementes, o menor dos insetos e a maior das estrelas existe uma ligação, e de que todos vocês viajam juntos. Na verdade, diríamos que todos nós viajamos juntos nessa grande aventura a que vocês chamam vida.

O livre-arbítrio está sempre agindo. Por meio das forças magnéticas das rodas de energia que giram vocês podem, graças à vontade, ser parte de uma roda ou de outra. Vocês podem se desenvolver numa e passar para outra, pois é isso que são as dimensões: rodas dentro de rodas.

Há no cosmos uma enorme harmonia que vocês não podem vivenciar. Mesmo assim, alguns têm uma visão reflexa da harmonia que existe em todo o movimento. Há harmonia até mesmo no crescimento e na morte das estrelas. Falamos de estações, das idas e vindas, do movimento do inverno para a primavera. Esses são pensamentos conceituais para vocês, e eles têm certo impulso.

O som do Universo ressoa com a vibração, mantendo em equilíbrio, mantendo em harmonia todos as esferas, globos e seres nessas esferas e globos. Nenhum de vocês conhece a quantidade de seres vivos que existe no globo terrestre, nem quantos existem no Universo inteiro.

Agora, o cosmos está atravessando o próprio véu. Está chegando a uma fase diferente. Isso é grande demais para vocês compreenderem, mas é como se uma energia tivesse penetrado na beira do cosmos, movendo-se e sendo absorvida como que por uma esponja, criando uma nova cor, uma nova freqüência, um novo som através de todo o cosmos. Quando falamos de todo ou de tudo, nós nos referimos ao Universo em expansão. Ele está se expandindo e se contraindo. Mas, enquanto se contrai ele se expande. Ele nunca pára de se mover;

nunca interrompe sua expansão. Agora, quase que inadvertidamente, ele apanhou uma força de freqüência que está sendo atraída para o seu interior. Isso está alterando muitos padrões, muitas forças, rompendo barreiras, rompendo dimensões. Isso significa que cada alma viva que estiver sintonizada com a força de sua consciência, de que falamos anteriormente, pode criar algo novo, algo corajoso naquele cosmos: um novo sistema estelar, um novo planeta, uma nova lua, uma nova energia. Pensem cuidadosamente. Sejam sábios. Não haverá volta, pois o cimento secará, e vocês estarão no lugar que projetarem. Isso vai acontecer logo para os que têm a consciência superior.

Nunca isso ocorreu antes de maneira tão grandiosa. Já houve mudanças estranhas, ocorrências, mas sempre menores. Na verdade, a mitologia de vocês está cheia disso. É por isso que a força de energia mental é tão importante e os padrões de pensamento precisam ser liberados, não apenas para os que têm essa consciência superior, mas para todos vocês. Assim, o caminho estará livre para a projeção, para a verdadeira vontade de desenvolvimento e de criação.

Estes pensamentos e conceitos são complexos, mas são uma realidade. De certa forma, poderíamos continuar a fazer canalização por muitas horas. Há sempre mais a dizer sobre o que está ocorrendo. Mas nós lhes demos projeções, nós lhes demos pensamentos conceituais, plantamos as sementes. Cabe a vocês alimentar essas sementes de bondade, as sementes de energia que existem nestas palavras, para formar o próprio padrão, para que façam a própria flor florescer, se quiserem, ou para que ela murche, se não ligarem.

Cada ser vivo, o menor dos insetos, o maior dos planetas a maior das estrelas — tudo é cuidado, tudo é amado, tudo é parte do todo, tudo tem algo a dizer, algo a ensinar e algo a aprender. Não existe no Universo nada que não tenha nada a fazer ou a dizer.

Muitos dos santos e mestres do mundo de vocês estão terminando agora a sua jornada. Eles aproveitam esta oportunidade para lhes dizer adeus. Agora, eles têm a própria jornada, a jornada de amor e de Luz. Eles os serviram extremamente bem. Eles se deram totalmente, incondicionalmente, por meio do poder da freqüência do amor dos raios mestres. Agora, as forças mais jovens, as forças vitais mais potentes, as forças de Luz, se unirão ao amor que aprenderam com seus mestres para guiá-los em sua jornada, em sua transição, em sua transmutação na própria Luz. Os mestres de Luz aproveitam esta última oportunidade para enchê-los do poder e da força que lhes deram de boa vontade.

Nós também chegamos ao fim de nosso relato. Haverá perguntas, e elas serão respondidas, mas no coração de vocês. Ouçam as respostas. Elas sempre estarão lá. Vocês nunca estão sozinhos. Com essa consciência, o uníssono de Luz se junta a vocês todos, envolvendo-os em alegria e em amor além de qualquer medida.

Prossigam em paz nessa jornada, queridos filhos da Luz. Vocês têm muito de que se orgulhar, mas ainda há mais. Nunca se esqueçam de que vocês são uma coisa só com todas as coisas. Nunca se esqueçam de que estamos todos juntos nesta aventura — a aventura cósmica da sabedoria e da verdade.

A ORAÇÃO VIVA

Celina Fioravanti

A Oração Viva é um livro para as pessoas de fé, que acreditam, como a autora, que tudo pode ser transformado pela força de uma oração feita com o coração. As preces do livro levaram algum tempo para serem escritas; quase todas foram criadas à medida que havia necessidade de ajuda. Já nasceram com um uso determinado, bem prático, servindo para serem integradas à vida diária. Outras foram selecionadas de antigos devocionários como forças vivas e poderosas à disposição de quem as queira usar em benefício próprio ou dos outros.

Quem faz da oração seu caminho para unir-se a Deus recebe proteção, orientação, favores, força, saúde, luz e amor. E tudo isso de acordo com a exata medida de que necessita para ser feliz!

É através da prece que se afasta o mal. Quanto mais a humanidade orar, tanto mais haverá de se guardar das doenças e de todas as razões de sofrimento que a ameaçam. É sabido que a nossa civilização é sustentada por quatro coisas: o valor dos bravos, a cultura dos sábios, a justiça dos grandes e as preces dos virtuosos. São as preces daqueles que crêem, sejam de qualquer crença forem, que guardam o nosso mundo.

* * *

De Celina Fioravanti a Editora Pensamento já publicou: *Uma Parcela de Deus*, *Causas Espirituais da Depressão*, *Contato com Guias Espirituais*, *A Cura pelos Fluidos* e *Os Curadores do Espírito*.

EDITORA PENSAMENTO

LUZ EMERGENTE

A Jornada da Cura Pessoal

Barbara Ann Brennan

O primeiro livro de Barbara Ann Brennan — *Mãos de Luz*, publicado pela Editora Pensamento — consagrou-a como uma das mais talentosas mestras da atualidade no seu campo específico de atuação. Agora, neste seu novo livro há muito esperado, ela continua sua pesquisa inovadora sobre o campo energético humano e sobre a relação de nossas energias vitais com a saúde, com a doença e com a cura.

Com base em muitas das novas descobertas que ela fez na sua prática diária, a autora mostra de que modo tanto os pacientes como os agentes de cura podem ser energizados para entender melhor e trabalhar com o nosso poder de cura mais essencial: a luz que se irradia do próprio centro da condição humana.

Nas suas várias partes, este livro explica como e por que a imposição das mãos funciona; descreve o que um curador pode ou não fazer para beneficiar as pessoas, ensina a forma básica de uma sessão de cura e como uma equipe constituída por um curador e um médico pode funcionar com resultados excelentes; apresenta depois o conceito do sistema interno de equilíbrio e mostra como podemos desenvolver doenças quando não seguimos a orientação desse sistema; transcreve a seguir uma série de interessantes entrevistas com pacientes que ajudam a explicar o processo de cura de um modo muito simples; explica o modo como os relacionamentos podem afetar a saúde, tanto positiva como negativamente, e propõe, para finalizar, maneiras práticas de criar relacionamentos saudáveis, além de mostrar a conexão entre saúde, doença e cura com o processo criativo.

O livro traz, ainda, uma série detalhada de casos clínicos esclarecedores, propõe exercícios, além de incluir ilustrações em preto e branco ou em cores para a melhor compreensão do texto.

Apresentando os aspectos práticos e teóricos desse novo campo de pesquisa, Barbara Ann Brennan coloca-se na liderança da prática da cura na nossa época.

CULTRIX/PENSAMENTO

MEDITAÇÃO

Uma Maneira de Viver

VIMALA THAKAR

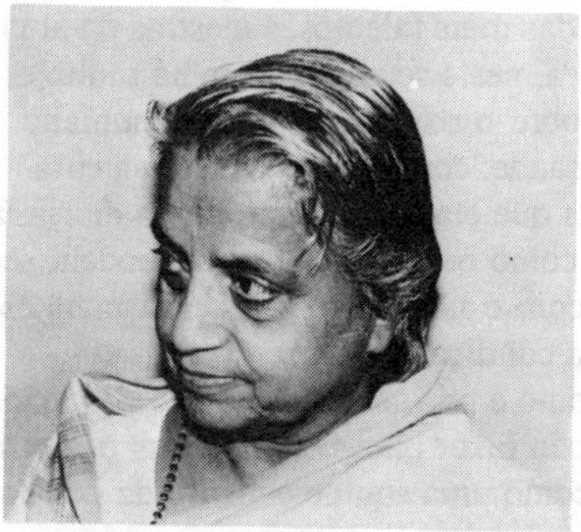

Vimala Thakar nasceu na Índia e fez seus estudos de Filosofia oriental e ocidental na Universidade de Nagpur.

Recentemente, sua vida mudou por completo. Ela começou a perceber que a humanidade estava à frente de um terrível desafio – terrível, não por causa do desafio em si, mas porque a mente do homem, a mente consciente e a inconsciente, transforma em desafios os problemas que ele em vão tenta resolver por métodos inadequados.

Segundo Vimala Thakar, para escapar da destruição, o homem precisa aprender a transcender as camadas da própria mente e a derrubar as fronteiras da consciência em todos os seus níveis. Isso ele pode conseguir através da meditação (não confundir com concentração) e através de uma nova consciência de si mesmo.

Este livrinho – *Meditação: uma maneira de viver* – consta de duas preciosas lições sobre a arte de meditar como uma forma de revolução psíquica e de transformação total, pois para a Autora a meditação é um estado de ser, e não uma atividade; é um modo de viver em atenção dinâmica, é uma percepção dinâmica do que é a vida.

EDITORA PENSAMENTO

RETORNANDO AO SILÊNCIO

A Prática Zen na Vida Diária

Dainin Katagiri

"Quando refletimos acerca do significado do verdadeiro silêncio, temos de considerá-lo a partir de dois ângulos: o primeiro consiste em ver o silêncio através dos olhos humanos; e o segundo, em ver o silêncio através dos olhos de Buda, ou do olho universal. A oportunidade de sentir o verdadeiro silêncio ocorre quando nos sentimos encurralados, sem que possamos nos mover um único centímetro. Isso se assemelha a uma situação de desespero absoluto, mas esse silêncio é completamente diferente do desespero, visto que, na esfera do desespero, a chama consciente do desejo humano ainda está ardendo. O verdadeiro silêncio, porém, é o estado da existência humana que transpõe esse desespero.

"Como podemos sentir esse silêncio? Fora dos limites da vida cotidiana é impossível senti-lo."

Dainin Katagiri

Em *Retornando ao Silêncio,* Dainin Katagiri – primeiro abade do *Minnesota Zen Meditation Center* de Minneapolis, EUA – aborda a manifestação do estado de iluminação ancorado no aqui-e-agora da vida cotidiana. A autenticidade da prática do Zen reside em "apenas viver" nossas vidas com inteireza e intensidade, transformando a prática da meditação sentada – o *zazen* – não em um meio para se chegar a um fim, mas como a atividade da própria iluminação.

Este livro contém os ensinamentos básicos de Buda, com uma ênfase especial no significado da fé e da meditação. Através de suas páginas, Dainin Katagiri faz renascer com muita força a mensagem de que "Buda é a sua vida cotidiana".

EDITORA PENSAMENTO

Outras obras de interesse:

O ATLETA INTERIOR - Como atingir a plenitude do seu potencial físico e espiritual
Dan Millman

A SABEDORIA NECESSÁRIA - Como Enfrentar o Desafio de uma Nova Maturidade Cultural
Charles M. Johnston

EMERGÊNCIA ESPIRITUAL
Stanislav e *Christina Grof*

ESPELHOS DO SELF - As Imagens Arquetípicas que Moldam a sua Vida
Christine Downing (org.)

VISUALIZAÇÃO CRIATIVA COM CRIANÇAS
Jennifer Day

GERENCIAMENTO ECOLÓGICO - Guia do Instituto Elmwood de Auditoria Ecológica e Negócios Sustentáveis
Ernest Callenbach e outros

MEDITAÇÕES - Visualização Criativa e Exercícios de Meditação
Shakti Gawain

VIVENDO NA LUZ
Shakti Gawain e *Laurel King*

O HOMEM NA SUA PLENITUDE - Como é ser um homem nos dias de hoje
Sam Keen

MENSAGENS ESPIRITUAIS Orientações transmitidas pelo espírito Gildas
Ruth White com *Gildas*

PONTE DE LUZ - Instruções Práticas para a Transformação Espiritual
LaUna Huffines

O REENCONTRO DA CRIANÇA INTERIOR
Jeremiah Abrams (org.)

DESCOMPLICANDO A VIDA - Histórias de esperança e de coragem, inspiração e sabedoria
Michael J. Roads